A TEMÁTICA INDÍGENA NA ESCOLA

subsídios para os professores

Conselho Acadêmico
Ataliba Teixeira de Castilho
Carlos Eduardo Lins da Silva
Carlos Fico
Jaime Cordeiro
José Luiz Fiorin
Tania Regina de Luca

Proibida a reprodução total ou parcial em qualquer mídia
sem a autorização escrita da editora.
Os infratores estão sujeitos às penas da lei.

A Editora não é responsável pelo conteúdo deste livro.
Os Autores conhecem os fatos narrados, pelos quais são responsáveis,
assim como se responsabilizam pelos juízos emitidos.

Consulte nosso catálogo completo e últimos lançamentos em **www.editoracontexto.com.br**.

Pedro Paulo Funari
Ana Piñón

A TEMÁTICA INDÍGENA NA ESCOLA

subsídios para os professores

Copyright © 2011 dos Autores

Todos os direitos desta edição reservados à
Editora Contexto (Editora Pinsky Ltda.)

Foto de capa
Pedro P. Vieira

Montagem de capa
Gustavo S. Vilas Boas

Diagramação
Texto & Arte Serviços Editoriais

Coordenação de textos e Consultoria
Carla Bassanezi Pinsky

Preparação de textos
Lilian Aquino/Lourdes Rivera

Revisão
Giacomo Leone/Texto & Arte Serviços Editoriais

Dados Internacionais de Catalogação na Publicação (CIP)
(Câmara Brasileira do Livro, SP, Brasil)

Funari, Pedro Paulo
A temática indígena na escola : subsídios para os professores /
Pedro Paulo Funari, Ana Piñón. – 1. ed., 5ª reimpressão. –
São Paulo : Contexto, 2023.

ISBN 978-85-7244-634-1

1. Antropologia 2. Índios da América do Sul – Brasil – Cultura
3. Povos indígenas – Educação – Brasil 4. Prática de ensino
5. Sala de aula – Direção I. Piñón, Ana. II. Título.

11-00874   CDD-371.82998081

Índice para catálogo sistemático:
1. Brasil : Temática indígena na escola :
   Práticas pedagógicas : Educação 371.82998081

2023

EDITORA CONTEXTO
Diretor editorial: *Jaime Pinsky*

Rua Dr. José Elias, 520 – Alto da Lapa
05083-030 – São Paulo – SP
PABX: (11) 3832 5838
contexto@editoracontexto.com.br
www.editoracontexto.com.br

Sumário

OS PROFESSORES E A TEMÁTICA INDÍGENA 7

AS IDENTIDADES 13
    Europeus e indígenas 13
    Ser índio 17
    Diversidade e transculturação 20

OS ÍNDIOS 29
    Como estudar os índios? 29
    A trajetória dos índios no continente americano 38
    A colonização do Brasil no contexto sul-americano ... 50
    A distribuição dos índios 57
    O estatuto jurídico dos indígenas 62

A ESCOLA 65
    A educação entre os índios 65
    A escola ocidental chega à América 71
    Índios idealizados e índios combatidos 79

A REPÚBLICA 87
    Mudanças no tratamento da questão indígena 87
    A figura do índio na escola moderna 94

A virada 98
O ensino para as populações indígenas 103
Como os alunos de hoje percebem os índios 105

CONCLUSÃO 113

REFERÊNCIAS E FONTES 117

LEITURAS RECOMENDADAS 123

AGRADECIMENTOS 125

OS AUTORES 127

Os professores e a temática indígena

Este livro trata do índio tal qual é estudado na escola brasileira de fora das aldeias indígenas. Os professores das escolas não indígenas – a quem este livro se destina – muitas vezes não têm informações suficientes ou bem balizadas sobre os índios, embora a cultura indígena faça parte do nosso cotidiano. Nomes de lugares conhecidos são indígenas – Itacoatiara, Ibirapuera, Pará, Paraná

A temática indígena na escola

etc.; de alimentos prosaicos também: angu e pipoca; costumes prazerosos – do espreguiçar-se na rede ao banho de rio – e sensações profundas – jururu e urucubaca. Tudo isso provém de nossas ligações com os índios, mas nem sempre nos damos conta disso. Por vezes, nem mesmo reconhecemos que, em certa medida, entre outras coisas, somos também índios. Este livro procura mostrar os motivos para uma aparente contradição: temos tanto a ver com os índios e nem sempre vemos isso claramente.

A escola, ao longo da história do Brasil, tem cristalizado determinadas imagens sobre os índios que "fazem a cabeça" dos cidadãos presentes e futuros. Com isso, muitas vezes, acabam favorecendo a exclusão ou, pelo menos, o esmaecimento da presença indígena na sociedade e na cultura brasileiras, como veremos neste livro. Entretanto, se houver vontade política para tanto, é inegável o papel que a escola pode ter no sentido de atuar para uma maior compreensão do quanto o Brasil deve aos índios e como se enriquece, em termos culturais, com essa experiência.

No sentido de contribuir para esse reconhecimento, esta obra traz informações e análises voltadas para as inquietações dos professores sobre temas como: os índios são uma raça? São diferentes dos "brancos"? Existem mesmo "brancos" ou somos todos misturados? Os índios pararam no tempo? Por que estranhamos os índios, mesmo quando descendemos deles? Essas e tantas outras questões parecem banais e mesmo torpes, em alguns casos, mas refletem inquietações, dúvidas e preocupações comuns. Só ao enfrentá-las estaremos prontos para avançar, incluindo os índios como atores históricos até o ponto em que possamos conhecê-los melhor e, consequentemente, a nós mesmos.

Os professores e a temática indígena

Praia de Itacoatiara, em Niterói (RJ): uma das tantas paisagens naturais brasileiras com nome indígena.

Nenhuma narrativa pode ser neutra nem pretendemos apresentar aqui nossas interpretações como verdades certas e evidentes. Porém, como diria o escritor português Eça de Queirós: "sobre a nudez forte da verdade, o manto diáfano da fantasia". Se a maneira como concebemos a sociedade e as relações sociais constitui as lentes que nos permitem enxergar o nosso tema, é bom deixar claro quais são nossas premissas.

Assim, para começar, quando se trata de pessoas, só existe uma raça: a raça humana. A contraposição entre "índios" e "brancos" como categorias de tipo racial, além de ser um erro do ponto de vista científico, dificulta que o ensino nas escolas abarque a di-

A temática indígena na escola

versidade existente e, no limite, favorece o racismo. Como adverte o historiador brasileiro Jaime Pinsky, "somos, na visão reproduzida em muitas escolas, brancos de cultura branca". Ou seja, as escolas comuns, do ensino fundamental e médio, quando falam dos índios, costumam apresentá-los aos alunos em contraste com o que seriam os brancos, tomados como o termo referente, como se branco caracterizasse a "sociedade nacional", na qual o indígena seria apenas "o outro". Já está na hora de abandonarmos esse pensamento em função daquele que vê a nossa sociedade, em geral, composta por uma infinidade de grupos étnicos em sua mescla.

Também não é mais possível sustentar o mito de que os colonizadores eram da raça branca porque, como foi dito, não existem raças que diferenciem os humanos, como também porque os colonizadores europeus não eram "puros". Eles sempre se mesclaram, tanto na península ibérica, como no Brasil.

Apresentamos outras de nossas perspectivas interpretativas no capítulo inicial do livro. Com isso, o leitor saberá de onde falamos e poderá ter suas próprias e independentes opiniões. Em seguida, observamos como podemos estudar os índios, sua trajetória histórica e sua situação atual. Depois, analisamos como a escola abordou a temática indígena, do tempo dos jesuítas até a escola republicana como projeto político, passando pela idealização dos indígenas no século XIX, no âmbito da corte imperial no Rio de Janeiro. Examinamos a influência da administração indígena levada a cabo pelo Serviço de Proteção ao Índio nas representações sobre os indígenas. E terminamos com as transformações – primeiramente acarretadas pelo nacionalismo e, no último quarto do século XX, pela democratização – nas formas de incluir a temática

Os professores e a temática indígena

indígena nas salas de aula. Concluímos com um balanço dos avanços e desafios da escola, no que se refere ao assunto.

Este livro foi escrito sem notas, mas as referências e fontes utilizadas estão apresentadas ao final. Evitamos, também, uma linguagem demasiado técnica e marcada por jargões, de modo que os conceitos são sempre explicados e exemplificados. Diversos excertos, de poemas a documentos oficiais, enriquecem a leitura. Alguns dados estatísticos são apresentados, mas de forma esparsa, de modo a não dificultar o aproveitamento da narrativa. O objetivo maior é convidar o leitor, em particular o professor do ensino fundamental e médio, a uma viagem pela questão indígena e suas representações na escola brasileira. E, também, fazer um apelo à reflexão autônoma e independente – meta maior e mais ambiciosa, mas não menos importante – sobre os índios e a escola.

Preparação de farinha com sementes por índia de etnia nucaque, Amazônia.

11

As identidades

EUROPEUS E INDÍGENAS

O Brasil é um país recente e antigo ao mesmo tempo. Isso pode parecer paradoxal, mas não é. O Brasil, como país independente, existe apenas a partir de 1822 – o que pode ser considerado muito ou pouco, conforme o parâmetro de comparação. Em relação a Portugal, pode parecer que o Brasil é muito novo: segundo os portugueses, o seu país existe desde 1140 e, portanto, quando da Independência do Brasil, Portugal já tinha mais de 680 anos!

A temática indígena na escola

Entretanto, há muitos países que são menos antigos do que o Brasil. Duas grandes potências europeias, a Itália e a Alemanha, só existem desde 1870, tendo se unificado mais de quatro décadas depois de o Brasil ser um país independente. Há, ainda, países muito mais recentes, como o Timor Leste – país asiático de língua portuguesa, cuja independência foi reconhecida apenas em 2002.

Mas, ao mencionarmos a "descoberta do Brasil" no ano de 1500, lembramos que a chegada dos portugueses e o estabelecimento de uma colônia fazem recuar a existência do Brasil ao desembarque de Pedro Álvares Cabral.

O historiador brasileiro Evaldo Cabral de Melo, que considera a colonização portuguesa o elemento central na definição do Brasil, defende que a História do Brasil deva começar em... 1140! Ou, para sermos ainda mais precisos, junto com a História de Portugal, já que, para ele, o Brasil nada mais seria do que a continuação, além-mar, da pátria lusa. Colônia ou metrópole, pouco importa, ultramar e sede do reino, ambos compartilhariam cultura e raízes históricas.

Concluímos que a idade do Brasil é uma definição, a um só tempo, histórica e cultural.

Do ponto de vista geográfico, o Brasil, com suas fronteiras atuais, é datado do início do século XX, quando foi comprado o que viria a ser o atual estado do Acre, antes parte da Bolívia. Se recuarmos no tempo, menor era a área sob controle lusitano. Segundo o Tratado de Tordesilhas, de 1494, apenas uma faixa leste da América do Sul era reconhecida como pertencente a Portugal. Em 1750, com o Tratado de Madri, a Espanha reconheceu o controle português em áreas a oeste do continente.

As identidades

O Brasil, quando da sua Independência em 1822, tinha um território muito diferente do que viria a ter depois.

O território brasileiro, portanto, não foi sempre como o atual, e os mapas que assim o mostram já em 1500 são uma invenção da nossa época e nada têm a ver com a realidade daquele período.

E os índios nessa História? Até aqui, não foram mencionados... Isso não é casual. A trajetória do nosso país e de todo o continente americano tem sido contada a partir de uma visão europeia, o que tem suas explicações. As elites colonizadoras

A temática indígena na escola

vieram da Europa e o capitalismo mundial expandiu-se a partir de lá. Muitas de nossas instituições, costumes, tradições e nossa própria língua de lá provêm. O português, o espanhol, o inglês e o francês falados no continente americano são línguas europeias. Não é, portanto, o caso de negar a relevância da Europa para o nosso continente. Mas isso não pode nos cegar em relação às outras partes essenciais da nossa formação cultural, histórica e antropológica, como é o caso da presença dos indígenas.

Em termos genéticos, uma parcela considerável da população latino-americana e brasileira, em particular, apresenta traços indígenas. Alguns países são povoados por amplas maiorias reconhecidamente indígenas, como o Paraguai, a Bolívia e a Guatemala. O Brasil apresenta uma ancestralidade matrilinear indígena elevada, algo bem refletido na expressão de uso corrente "avó caçada a laço", comum em tantas famílias, segundo a qual algum antepassado teria se casado com uma índia capturada, e na genética de boa parte dos brasileiros.

A genética, entretanto, é apenas um aspecto. Em termos culturais, a presença indígena no Brasil e na América Latina como um todo é imensurável, de tão grande e multifacetada. Boa parte dos alimentos que comemos no Brasil é de origem cultural indígena – como a mandioca, o angu e a tapioca, para os quais usamos termos tupis. A batata, o tomate, o milho – também de origem cultural indígena – foram absorvidos e são consumidos na própria Europa. Quando nos alimentamos de "sucrilhos" ou polenta, nem sempre lembramos que advêm de produtos indígenas, ainda que transformados por outros povos e costumes. Quem associa uma soneca na rede aos índios?

As identidades

Mesmo a toponímia, com tantos nomes tupis, atesta a influência do vocabulário nativo na nossa língua oficial. O livro clássico de Teodoro Sampaio, *O tupi na geografia nacional*, apresenta um panorama dessa presença em mais de 350 páginas com milhares de verbetes.

Os indígenas fazem parte da nossa história, da nossa cultura, mas isso nem sempre está claro. Veremos como e por que isso ocorre. Antes, uma pergunta: o que é índio?

SER ÍNDIO

Índio é um termo ambíguo, como muitos outros, aliás.

Os espanhóis e portugueses, no século XV, navegavam pelo Atlântico em busca de um caminho para as Índias. Do vale do rio Indo e suas adjacências, vinham produtos muito apreciados – as especiarias – que serviam tanto para temperar como para preservar as comidas em uma época em que não havia geladeiras e refrigeradores. O avanço dos turcos otomanos pelo Mediterrâneo Oriental contribuiu para a diminuição do tráfico oriental, e os ibéricos tomaram a iniciativa de buscar uma rota alternativa para a Índia. Primeiro tentaram pela África, até que Cristóvão Colombo buscou um caminho direto, navegando sempre a ocidente. Chegou ao Novo Mundo, como ficaria conhecido, sem saber que de fato era uma nova terra. Pensou ter chegado ao continente asiático: China ou Índia. Sendo assim, os habitantes foram chamados de índios, habitantes da Índia. Mesmo quando, algum tempo depois, os europeus perceberam que a América

A temática indígena na escola

era outro continente, continuaram a usar o termo "índio" para se referirem aos habitantes dessas terras.

Outros nomes foram também usados: aborígene, indígena e nativo. São termos mais eruditos, que designam aquele que é nascido em determinado lugar. Termos latinos, os três nomeiam a pessoa original (*ab origine*) e o nascido em casa (*indigena, natiuus*). Porém, o nome que se popularizou foi mesmo índio.

Os índios foram, assim, designados por seus conquistadores, pois nunca se chamaram a si mesmos dessa forma antes de 1492. Como se chamavam, então? De milhares de maneiras, cada povo a seu modo, com nomes que podiam significar simplesmente "seres humanos", por oposição aos outros grupos. O caso dos tupiniquins e tupinambás dá uma ideia dessas autodenominações. "Tupi" significa "o ancestral", e então "os descendentes do ancestral" são os tupinambás ("nambá" quer dizer descendente), enquanto "tupinanki" (o nome original dos tupiniquins) quer dizer "o galho do ancestral", em que "galho" possui sentido de ligações de parentesco. Pode parecer muito banal, mas o mesmo processo de nomeação ocorre em outros povos, ainda que não tenhamos consciência do sentido das palavras. Assim como tupi é ancestral, Abraão quer dizer, em hebraico, justamente, ancestral! "Guarani" significa "guerreiro", nome apropriado para um grupo humano que se valoriza, assim como "inca", que na língua quíchua significa "senhor". Podiam ser "bons na caça aos caranguejos", como os guajajaras. Nem sempre sabemos como um povo chamava a si mesmo, mas podemos conhecer como descreviam outro povo, como no caso dos "guarulhos", "os barrigudos", ou os "nambiquaras", "orelhas furadas".

As identidades

Américo Vespúcio com o Norte e o Sul da América conectados, de Martin Waldseemüller.

NEBENZAHL, Kenneth. *Atlas of Columbus and the Great Discoveries*. Rand McNally, 1990, p. 53.

Com o passar dos séculos e com a interação de nativos e colonizadores, o termo "índio" passou a ser usado como um genérico, muitas vezes de forma pejorativa, mas também com o devido orgulho por eles próprios. Em muitos países, os movimentos pelos direitos dos nativos usam o termo índio, ou seus derivados, como o Movimiento Indio Peruano (MIP). Há órgãos oficiais como a Fundação Nacional do Índio (Funai), assim como o United States Bureau of Indian Affairs, nos Estados Unidos. Isso significa que "indígena", "nativo" ou "índio" corresponde a uma designação ampla que procura englobar a diversidade de grupos humanos autóctones da América.

19

A temática indígena na escola

Em todo o continente americano, há maneiras muito variadas de definir quem seria índio. No Brasil, segundo estatísticas oficiais, a porcentagem de indígenas é muito baixa, menos de 1% da população, já que no ano 2000, 734 mil pessoas se definiam como índios (0,4%). Mas, como vimos, uma parte grande da população tem ascendência indígena. Já em países como o Paraguai ou a Guatemala, a maioria da população se define como indígena e fala línguas nativas, como o guarani e o maia, respectivamente. Contudo, mesmo nesses casos, os indígenas estão mesclados geneticamente com os colonizadores europeus, ainda que prevaleça a língua indígena, como ocorre no Paraguai, com 90% de falantes do guarani – idioma oficial do país.

Não existe pureza de origem em nenhum lugar do mundo nem ser índio depende apenas da genética ou mesmo da autodefinição. Está na hora de tratarmos de uma questão teórica importante: como se formam e se transformam as identidades sociais? E o que isso tem a ver com os índios?

DIVERSIDADE E TRANSCULTURAÇÃO

Por muito tempo, pensou-se que a identidade fosse algo único, evidente e imutável. Nessa perspectiva, ser índio é ser diferente de qualquer outra coisa, algo transcendente, que não muda nunca. Se não for assim, a pessoa ou o grupo já não é mais índio. Para definir o ex-índio, dizia-se que era um aculturado, um selvagem em processo de civilizar-se, um "amansado". Essa diferença de condição era reconhecida até mesmo em termos legais,

As identidades

pois os índios eram isentos, inimputáveis, não eram cidadãos, eram como se fossem menores, irresponsáveis. Mas podiam, e deviam, deixar de ser isso tudo e se tornar integrados, assimilados a um todo maior: a nacionalidade brasileira. Essas noções partiam de uma concepção de sociedade fundada no tripé homogeneidade, compartilhamento de valores e respeito às regras sociais. Esse tripé é filho do moderno Estado nacional, que se fundou na criação de um povo, uma cultura e um território. Criação, pois nem aqui nem alhures houve uma só origem étnica (povo), uma cultura comum a todos e um território delimitado.

No caso brasileiro, tanto mais abstrato e idealizado foi esse modelo. O país surgiu como uma monarquia escravista, na qual a maioria dos seus habitantes não era considerada parte da nação (os escravos e os índios). Mesmo dentre os livres, os analfabetos, que compunham a imensa maioria das pessoas, estavam excluídos da vida política e das decisões relativas ao poder. Não havia cidadãos, havia súditos do império. Menos ainda se poderia pensar em cultura compartilhada. Enquanto as elites eram letradas e conectadas com as novidades de Paris e Londres, o restante da população vivia outras formas de cultura e sociabilidade. O território nacional era imenso, com comunicações precárias e, portanto, havia poucas condições para a cristalização de valores comuns. O modelo era, assim, artificial. Contudo, foi a partir dele que se fez a relação entre duas unidades que seriam homogêneas em si: a sociedade branca, instruída, e a dos índios, cuja inferioridade tecnológica e cultural condenava-os cedo ou tarde à assimilação.

O conceito de "assimilação" não é neutro ou inofensivo, como se costuma pensar. Suas raízes ibéricas são profundas e

21

A temática indígena na escola

reveladoras. A Reconquista cristã da península ibérica por parte dos reinos católicos visava à expulsão dos mouros muçulmanos que dominaram durante séculos uma imensa área conhecida como *Al-Andalus* (Andaluzia, na terminologia moderna). Nessa sanha, os reinos unificados de Castela e Leão, que formaram a Espanha, expulsaram, no mesmo ano de 1492, tanto os muçulmanos como os judeus. Essa expulsão permitiu, contudo, que os "mouros" e os "hebreus" tivessem a escolha entre a conversão – assimilação – ou a saída da península.

Enfim, a assimilação consiste no apagamento das características próprias e sua substituição pelas do grupo dominante, que devem ser consideradas superiores. Esse modelo foi sofisticado, no século XX, pela noção de "aculturação": a passagem de uma cultura inferior à outra superior. Essa era a sorte reservada aos índios americanos: assimilação e aculturação.

Claro que esse modelo nunca foi aceito por suas vítimas, aqueles que deveriam se submeter a essa lógica. Sabemos que, na península ibérica, os muçulmanos e judeus concordaram em se converter para não ter que ir embora e evitar perseguições, mas nem por isso o fizeram de maneira total ou convencida. Quem se converte à força? Nas Américas, os índios tampouco aceitaram de forma passiva a imposição da cultura e dos maus-tratos por parte dos colonizadores.

Muitos pesquisadores se perguntam como puderam tantos milhões de indígenas ser dominados por tão poucos espanhóis e portugueses. A resposta mais tradicional consiste em lembrar a diferença entre a tecnologia das armas de fogo, da roda e dos cavalos dos europeus, em relação àquela dos indígenas. Outros

As identidades

estudos, no campo da genética, têm enfatizado, por sua vez, que a maior ameaça trazida pelos europeus era algo que eles próprios desconheciam como tal: a guerra bacteriológica. As doenças que infestavam o Velho Mundo (Europa, Ásia e África) foram trazidas para as populações nativas que, ao primeiro contato com tais enfermidades, não haviam sido preparadas pelos séculos necessários para criar defesas imunológicas. A mortandade foi tremenda. Os sobreviventes se enfraqueceram. Por fim, mas não menos importante, os índios brigavam muito entre si e vários grupos se aliaram aos diversos conquistadores para manter a superioridade contra os inimigos. Além disso, calcula-se que, nos primeiros dois séculos da colonização portuguesa, os "paulistas" (bandeirantes) tenham aprisionado e escravizado, para trabalho forçado nas usinas de açúcar na costa brasileira, mais de 350 mil índios, que constituíam parte substancial da mão de obra escrava – os chamados "negros da terra".

Tudo isso tem sua importância, mas não devemos esquecer que os índios não foram simplesmente dominados, escravizados, submetidos, aniquilados ou assimilados. Eles constituíram o cerne das culturas americanas coloniais e nacionais que surgiriam a partir de então. Não como excluídos, mas como partícipes de um novo amálgama. Em alguns lugares da América, inclusive, as línguas indígenas continuam a prevalecer na vida cotidiana. No Paraguai, como foi dito, o guarani é a língua oficial, falada por quase toda a população, embora grande parte também domine o espanhol. Em outros países, as línguas indígenas, ainda que não tenham *status* oficial, convivem com o idioma europeu em situações de bilinguismo, como no Peru, na Bolívia, no México e na Guatemala. No Brasil, uma imensa área no interior do

A temática indígena na escola

continente, a partir de Piratininga (São Paulo), utilizou-se da "língua geral" (tupi) até fins do século XVIII. Essa difusão da língua indígena revela a importância da ascendência nativa em todos os cantos do continente, assim como a transculturação, o hibridismo ou a "crioulização" entre os grupos humanos.

Frente ao modelo da aculturação e assimilação, tão criticado nas últimas décadas por ser pouco atento a situações concretas, surgiram outros quadros interpretativos procurando dar conta das situações sociais resultante dos contatos culturais. A noção de que as culturas e sociedades são conjuntos homogêneos e estáticos foi criticada como sendo tanto irrealista quanto autoritária.

Pouco realista, pois não descreve a situação concreta: como defender que, num país, devam todos compartilhar uma língua, cultura, tradições, origens e território, se há tantos exemplos que contradizem o modelo? A Itália foi unificada, em 1870, sem que houvesse "italianos", pois só 5% falavam a língua oficial, não tinham origens étnicas comuns, suas tradições eram variadas e o território incerto. Os habitantes do Canadá ou da Suíça não compartilham hoje uma língua única nem têm origens étnicas comuns.

O ideal de uma sociedade homogênea é autoritário porque parte do pressuposto de que existem regras sociais compartilhadas que devem ser respeitadas. Tudo que sair disso é desvio de comportamento e deve ser reprimido.

O modelo advindo do ideal de homogeneidade foi chamado de normativo. Entretanto, tal modelo entrou em descompasso com as próprias autoimagens das sociedades modernas. Os movimentos sociais pelos direitos das mulheres, os combates e reivindicações

As identidades

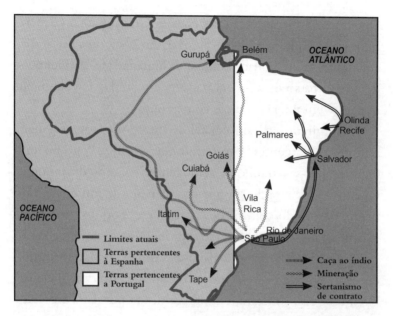

Bandeiras dos séculos XVII e XVIII.
O aprisionamento dos índios constituía uma parte importante das atividades dos "paulistas" (bandeirantes), eles próprios falantes do tupi e filhos de indígenas.

de diversos grupos étnicos, religiosos ou sexuais questionaram os fundamentos da noção de homogeneidade social. Com tais lutas, a normatização veio abaixo, de modo mais ou menos violento, nas últimas décadas. Em seu lugar, surgiram outros quadros interpretativos, que tentavam dar conta da nova situação empírica e teoricamente.

As sociedades, então, passaram a ser consideradas heterogêneas, compostas de grupos diferentes, em interação e conflito. A diversidade passou a ser vista como um elemento central,

A temática indígena na escola

a ponto de a Organização das Nações Unidas para a Ciência, Educação e Cultura (Unesco) aprovar, em 2005, uma declaração enfatizando a diversidade cultural da humanidade. As identidades sociais passaram a ser encaradas como fluidas, em constante mutação, em interação umas com as outras.

Surgiram também conceitos antropológicos, mas nem sempre convergentes. Um termo que se forjou logo no ambiente anglo-saxão foi o de "etnogênese". Como diz o nome, busca-se dar conta do surgimento (gênese) de um grupo humano. Assim, do contato dos portugueses com os nativos no planalto paulista, teria surgido, por meio de uma etnogênese, um novo grupo humano: o paulista de língua tupi, que dormia em redes, vivia à maneira indígena e aprisionava outros índios. Contudo, esse conceito tem sido criticado por dar a entender que, após a criação da "nova etnia", haveria homogeneidade estável, ao menos por algum tempo, até a constituição de uma nova etnogênese.

No contexto latino-americano, por outro lado, têm prosperado modelos explicativos mais flexíveis baseados na mistura permanente e instável das populações. Os termos variam. Alguns chamam de "mestiçagem", outros de "hibridação", outros ainda de "criolização", mas todos remetem, teoricamente, ao conceito antropológico de "transculturação". Esse termo surgiu por oposição à "aculturação", carregado de altas doses de evolucionismo imperialista, pois a aculturação pressupõe que um povo inferior adote, espontaneamente, uma cultura superior e abandone a sua própria. Esse seria o caso de todos os povos colonizados perante seus colonizadores. Claro que essa perspectiva foi divulgada

As identidades

principalmente nos centros imperialistas, ávidos de justificar sua dominação. No que diz respeito à América Latina, essa teoria foi posta em xeque por antropólogos como o cubano Fernando Ortiz (1881-1969) e o brasileiro Gilberto Freyre (1900-1987), intelectuais que perceberam a inadequação do modelo de aculturação para entender a mescla cultural em seus respectivos países.

Houve mesmo quem criticasse termos como mestiçagem, hibridação e crioulização, com certa lógica. Tais noções significariam o cruzamento de dois grupos originais homogêneos e coesos, resultante num terceiro, este sim variado. Para os críticos, se cada sociedade é variada, mutante e fluida, não faz sentido definir algumas como particularmente mestiças, híbridas ou crioulas. Pode até mesmo dar a impressão de uma degradação: de sociedades homogêneas, estáveis e coerentes, rumo a outras instáveis, em conflito e incoerentes. Por isso mesmo, o conceito mais amplo de transculturação tem sido o mais utilizado, pois não distingue sociedades homogêneas e heterogêneas, já que todas são consideradas mistas, variadas, dinâmicas e mutantes. Falar em transculturação consiste em considerar que os grupos humanos, e mesmo os indivíduos, estão em constante interação e mutação, resultantes desse contato. ("Trans" é uma partícula muito sugestiva, pois significa "aquilo que vai e vem", o ir e vir que altera as partes envolvidas.)

Isso tudo é fundamental quando pensamos especificamente nas sociedades indígenas, lembrando que se trata de culturas complexas, variadas, em constante interação e mudança, repletas de conflitos, com visões de mundo e práticas de vida ricas, e por vezes inspiradoras, sempre interessantes e significativas.

Os índios

COMO ESTUDAR OS ÍNDIOS?

Os índios podem ser estudados de diversas maneiras.
Existem muitas comunidades indígenas que podem ser conhecidas. Isso quando nós mesmos não fazemos parte de uma delas e nem nos damos conta!

Como vimos, essa questão depende de como definimos um grupo humano como índio. Em qualquer caso, entretanto, para estudarmos um determinado grupo humano, é necessário mantermos um distanciamento, um olhar crítico que permita

A temática indígena na escola

que o grupo seja observado como particular, ou melhor, com características, modos de pensar e viver que lhes são peculiares. Estamos falando do "olhar antropológico".

Na verdade, não apenas os indígenas, mas todos os grupos humanos são peculiares, mesmo aqueles nos quais vivemos. Entretanto, isso nem sempre fica claro. Quem já parou para pensar por que comemos sentados? Reparamos nisso quando vemos um povo que come de cócoras ou deitado, como faziam os antigos romanos. Esse processo, que nos leva a perceber que aquilo que achamos natural, universal, eterno, não passa de um costume é conhecido pelo nome de "desnaturalização".

Um primeiro meio de se conhecer um grupo humano qualquer, e em particular uma comunidade indígena, consiste em mergulhar no seu cotidiano, numa imersão que permita perceber como o mundo pode ser visto e vivido de outra maneira. A forma mais óbvia e direta de conhecer os índios é, portanto, conviver com eles (a chamada "experiência etnográfica").

Viver com a comunidade indígena para conhecê-la começa por aprender sua língua. O mundo não é igual para todos e só o vemos a partir de uma ótica cultural particular, que se expressa no idioma, responsável por caracterizar o mundo à nossa maneira. As cores, quantas são? Depende da língua, da cultura por trás de um idioma, que percebe as tonalidades de forma diferenciada. O idioma dos esquimós, grupo indígena que vive no gelo, reconhece tonalidades da cor branca que não existem em português ou em tantas outras línguas. Ou seja, a percepção visual dos esquimós é diferente da nossa e isso está expresso no seu vocabulário. Se vivermos entre os esquimós, aprendermos sua língua

Os índios

Existem aldeias indígenas na selva ou na cidade. A convivência com os índios se dá tanto em contextos rurais quanto urbanos. [No topo da página, foto de Angra dos Reis, perto de usina nuclear; abaixo dela, Parque do Xingu, na floresta.]

31

A temática indígena na escola

e vivenciarmos as sutilezas das tonalidades brancas, poderemos, aí, conhecer algo novo: a diversidade de cores que para nós, hoje, não existem. As cores, portanto, não existem em si, na natureza, para serem percebidas: elas são resultado da interação do homem com o ambiente e variam de cultura a cultura, de língua a língua.

A representação de uma simples borboleta não é também a mesma de um grupo humano para outro.

Conhecer outros aspectos da comunidade indígena, como as abstrações, leva mais tempo. Mergulharmos nas histórias, nos mitos ou na espiritualidade não depende apenas de uma experiência "física", como no caso de entender as cores dos esquimós ou no de aprender uma língua nova.

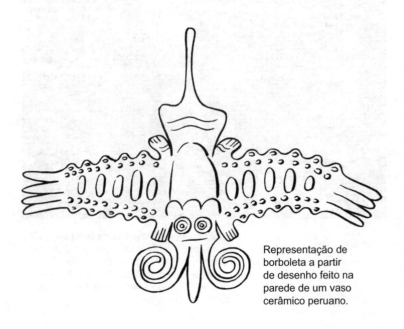

Representação de borboleta a partir de desenho feito na parede de um vaso cerâmico peruano.

Os índios

Um rio pode ser considerado um espírito por um determinado grupo indígena e, sendo assim, será que quem é de fora pode "sentir" isso, ter essa mesma fé?

Entre os nucaques, uma tribo amazônica, os animais que vivem na aldeia são considerados parte da família, como espíritos humanos. Por isso, mamam nos seios das moças, dormem junto das pessoas. Esses animais são adotados ainda filhotes, tendo sido capturados quando da caça aos outros membros da espécie que, mais tarde, acabaram comidos. Não se trata, portanto, de mascotes. Há uma crença de que esses filhotes são espíritos humanos que passam a fazer parte do grupo. Será possível compartilharmos de fato dessa crença, mesmo que vivamos na aldeia?

Todo o vocabulário simbólico e abstrato é, em certo sentido, impossível de traduzir, em qualquer língua, e tanto mais no caso de uma comunidade indígena. Como entender o termo nucaque *wiim'pe*, traduzido por "espírito"?

Em muitos casos, as comunidades indígenas estão em contato, em interação e em transculturação há séculos e seus conceitos e abstrações já são uma mescla original que incorpora percepções diversas. Uma comunidade maia de nossos dias pode, em sua bagagem cultural, ter o seguinte relato:

Diga-me, garota, o que é mais forte do que o aço?
– Aquele que diz a verdade, o que nunca mente.
Diga-me, garota, o que é mais doce do que o mel?
– Que alguém seja bom filho, que sirva bem ao pai nos céus e na terra.
Diga-me, garota, o que é o mais rápido de todas as coisas?
– O pensamento do ser humano; ora está aqui, ora está na Espanha, no fim do mundo.

A temática indígena na escola

Essa historieta não é de origem maia antiga, mas isso pouco importa, pois ela faz parte de uma concepção tornada maia e, por isso, merece ser ouvida.

Se a convivência com os indígenas constitui a primeira e mais profunda maneira de se conhecer seu modo de vida e de pensamento, ela não é a única. Além da experiência etnográfica, o conhecimento da arqueologia e da literatura é fundamental. Por literatura, entenda-se não apenas tudo o que os indígenas escreveram como também o que sobre eles tem sido escrito. Contos e relatos indígenas foram preservados nos últimos séculos, em códices, ou em outros muitos meios, em línguas nativas ou, no mais das vezes, em espanhol, português, inglês e francês. Esses documentos apresentam, muitas vezes, imagens; são iconográficos e permitem que se tenha também uma noção de como uma determinada comunidade se expressava por desenhos e pinturas. Muitas tradições, mitos e narrativas só existem nesses documentos e constituem, portanto, um manancial imprescindível para os estudiosos.

A Arqueologia é outra grande fonte de informações sobre os índios. Portanto, vale a pena ver o que descobriram e anotaram os arqueólogos. As comunidades indígenas dos últimos 12 mil anos são conhecidas, predominantemente, por seus vestígios materiais. Preservaram-se, às vezes, ossos humanos que nos permitem saber como eram, quantos viviam e de quais doenças padeciam esses antigos indígenas. Também ossos de animais podem ter sido preservados, informando quais mamíferos, aves ou peixes eram caçados e consumidos. (Mas, os ossos não se conservam bem. Em solos ácidos, como é muito comum no

Os índios

GUIDON, Niede. *Peintures rupestres de Várzea Grande, Piauí, Brésil.* Cahiers D'Archeologie D'Amerique du Sud 3, 1975, p. 52.

Pintura rupestre proveniente do Abrigo Toca do Pitombi (PI), com representação de ritual indígena.

Brasil, os ossos não se mantêm por muito tempo. Os dois materiais mais resistentes são as rochas e a cerâmica.)

Pedras foram trabalhadas – líticos – pelos indígenas que fizeram pontas de flecha, machados, raspadores e tantos outros artefatos usados para a caça, pesca e agricultura, entre outras atividades. Rochas serviram, ainda, para os índios pintarem e gravarem imagens que até hoje nos encantam e são consideradas patrimônio de toda a humanidade. Pinturas rupestres mostram rituais, caçadas, pescas e uma infinidade de práticas sociais reveladoras da imensa riqueza cultural desses antigos habitantes da América.

A temática indígena na escola

Outro grande tesouro da cultura indígena é a sua cerâmica. Os nativos americanos já coziam o barro há milhares de anos e produziram uma miríade de vasos que se conservaram, inteiros ou fragmentados. A estudiosa norte-americana Anna Roosevelt considera o uso da cerâmica na Amazônia um dos mais antigos no mundo, com mais de sete mil anos. A cerâmica foi usada por muitas sociedades indígenas, com decorações das mais variadas, algumas delas consideradas, até hoje, obras de arte inigualáveis. Por meio da cerâmica, podemos saber como as pessoas armazenavam produtos, comiam, bebiam, o que achavam bonito, como concebiam o mundo. Na cerâmica da ilha de Marajó, muitos vasos têm forma e decoração que representam o corpo feminino, com destaque para o útero. Alguns estudiosos interpretam essas imagens como sinais do prestígio das mulheres nas sociedades indígenas que as fabricaram.

Urna de cerâmica marajoara, sendo o destaque que ocupa toda a metade inferior do vaso, a representação feminina para o útero e os dois ovários, denotando a importância da fertilidade da mulher.

Os índios

Corte ideal de uma habitação semissubterrânea pequena.

Além dos artefatos, como pedras e cerâmica, os vestígios arqueológicos podem mostrar como eram as aldeias indígenas, as ocas, a estrutura arquitetônica de importantes centros como as cidades maias ou as estradas incas, nos Andes, as melhores do mundo no século XV. Existem, ainda, dados arqueológicos que provêm debaixo d'água: barcos de madeira são preservados em ambientes úmidos, assim como arcos ou outros apetrechos vegetais que se conservam melhor na água do que fora dela.

A temática indígena na escola

A TRAJETÓRIA DOS ÍNDIOS
NO CONTINENTE AMERICANO

Não se sabe quando o continente americano foi povoado, qual a antiguidade do ser humano na América. Alguns estudiosos consideram que a presença humana é antiquíssima. A arqueóloga Maria Conceição Beltrão investigou sítios na Bahia e propôs que ali houvesse vestígios de um antepassado humano, o *Homo erectus*, entre 500 mil e 1 milhão de anos. Teriam chegado à América do Sul por uma ponte de gelo, que possivelmente ligava a África Meridional à Patagônia. Outros estudiosos pensam que apenas a nossa espécie, o *Homo sapiens*, tenha chegado à América. A pesquisadora Niède Guidon, ao estudar sítios arqueológicos no Piauí, sustenta que ali havia ocupação humana há mais de 50 mil anos. Teriam chegado àquele local por duas vias possíveis: ou pelas ilhas do Pacífico ou pelo Oceano Atlântico. Ainda com relação à Alta Antiguidade, outros estudiosos, como o biólogo Walter Neves, propõem que havia mesmo uma migração humana anterior à última glaciação – provavelmente há mais de 20 mil anos – de grupos humanos diferentes dos índios que conhecemos hoje. Eles teriam vindo da Ásia, pelo estreito de Bering, colonizado o continente, mas não teriam sobrevivido à chegada mais recente, na última glaciação, dos antepassados dos índios atuais, chamados de mongoloides em virtude de suas características físicas, como o olho puxado.

Na verdade, não há muitas evidências concretas da presença de grupos humanos anteriores e diversos da população indígena. Os estudos mais recentes sobre a pré-história mundial não apresentam motivos, até o momento, para aceitar essa presença de grupos

Os índios

humanos anteriores aos asiáticos ou mongoloides. Os arqueólogos Chris Gosden e Clive Gamble são dois estudiosos que ponderam pela dificuldade das hipóteses da presença do *Homo sapiens* na América há muitos milênios. Nossa espécie teria saído do continente africano há apenas cem mil anos e sua chegada à América tardaria muito tempo. A navegação e colonização das ilhas do oceano Pacífico são muito tardias, apenas nos últimos milhares de anos, o que dificulta a teoria da chegada mais antiga por essa via. Por fim, não há vestígios humanos numerosos e bem datados que possam fundamentar essas hipóteses.

Sobram, entretanto, evidências da presença indígena a partir dos últimos 12 mil anos. As análises genéticas, linguísticas e arqueológicas parecem indicar que a colonização do continente pelos índios se deu de Norte a Sul a partir do estreito de Bering, tendo ocupado toda a imensa área do Alasca à Patagônia em poucos milhares de anos.

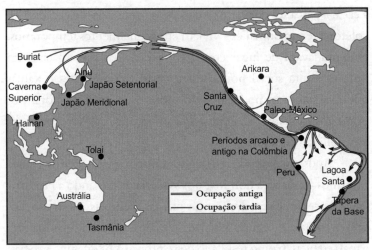

Possíveis rotas de colonização do continente americano.

39

A temática indígena na escola

Como podemos narrar e interpretar a história indígena nos últimos milhares de anos? Isso depende do ponto de vista que adotarmos e do nosso objetivo.

O modelo interpretativo mais difundido visa a entender, a partir de um número limitado de variantes, os grandes momentos dessa trajetória. Essas variantes são o *domínio técnico do mundo material* (tecnologia) e a consequente configuração das relações de poder na sociedade, referente ao *grau de estratificação social* existente. Essa abordagem deriva do evolucionismo, surgido na Biologia, aplicado às sociedades humanas. A partir dela, estuda-se o passado indígena observando o processo que leva ao conhecimento crescente das técnicas, com a passagem de um estágio menos elaborado a outro tecnologicamente mais evoluído.

Segundo a narrativa construída a partir desse enfoque, o uso da pedra permitiu a confecção de artefatos líticos necessários à caça, à pesca e à coleta. As sociedades primitivas, de caçadores e coletores, eram nômades e viviam em assentamentos temporários, pois mudavam de lugar com frequência. Elas tinham também uma estrutura social pouco diferenciada, com chefes e xamãs que exerciam um poder brando sobre o grupo. Esses foram os primeiros habitantes do continente americano, que viveram assim por milhares de anos.

Após esse período, em alguns lugares apenas, certos grupos humanos passaram a dominar novas técnicas, passando a produzir vasos de cerâmica e a domesticar plantas e animais. Com isto, tais grupos tornaram-se mais sedentários e constituíram aldeias maiores e mais estáveis. Como resultado desse processo, as diferenças sociais aumentaram. Os caciques adquiriram um poder mais efetivo e

Os índios

os conflitos entre as tribos indígenas intensificaram-se, com um grande aumento das guerras e, até mesmo, com a formação de confederações de tribos, que lutavam umas contra as outras.

Por fim, da evolução dessas sociedades, em algumas partes do continente americano, surgiram Estados. Na América do Sul, isto ocorreu apenas nos Andes. Ali, alguns grupos atingiram um domínio tecnológico excepcional, por meio de uma produção agrícola intensiva e elaborada, com a produção de grande excedente que podia ser acumulado por uma elite dominante. Isto permitiu o desenvolvimento de um Estado que abrangia uma sociedade muito bem estratificada, como o inca, com um sistema monárquico elaborado, com uma corte real e, com o tempo, a formação de um verdadeiro império, que se estendia por uma imensa área nos Andes. O domínio tecnológico dos metais permitiu a formação de um grande exército. O uso da escrita possibilitou a administração do império. Processos semelhantes ocorreram também na América Central, com os maias, e na América do Norte, com os astecas.

Podemos apresentar, de forma esquemática, essa perspectiva no seguinte quadro:

Perspectiva tecnológica evolucionista da História indígena

Tecnologia	Estrutura Social	Formação política
pedra	caçadores e coletores	xamanismo
cerâmica	agricultores	cacicado tribal
metais e escrita	populações urbana e rural	monarquia e império
	classes sociais	

A temática indígena na escola

Essa perspectiva é muito útil para compreender, em grandes traços, processos tecnológicos, sociais e políticos.

Posteriormente, os estudiosos de língua inglesa procuraram aprimorá-la, com a definição de cinco etapas esquemáticas:

- *Hunters and gatherers* (caçadores e coletores)
- *Agriculture* (agricultura)
- *Rank* (classe social, graduação)
- *Chiefdoms* (chefias)
- *State* (Estado)

Segundo esta gradação, temos uma imagem piramidal explicativa de que, no passado mais remoto, havia apenas caçadores e coletores, sendo que alguns grupos evoluíram para, numa etapa mais recente (em 1500 d.C.), chegar a formar um Estado imperial, como o inca:

A perspectiva evolucionista chegou a ser criticada por diversos estudiosos por dar a entender que haveria uma progressão

Os índios

valorativa: da "simplicidade e barbárie" dos caçadores e coletores para a "sofisticação e complexidade" das sociedades com classes sociais, estratificação, cidades, províncias e até um império, como o inca. Como se fosse melhor viver em um império do que em uma tribo. Além disso, a progressão evolucionista, adotada sem as devidas ressalvas, pode dar a falsa impressão de que cada etapa põe fim à anterior, quando, na verdade, mesmo à época dos incas, coexistiam caçadores, coletores, agricultores, tribos confederadas e cacicados. E, mais do que isso, tinham lugar ao mesmo tempo, numa mesma cultura, tecnologias de diferentes "etapas tecnológicas". Por exemplo, o emprego dos metais não significou o abandono total do uso da pedra. (Mesmo nos dias atuais, é possível observar sua aplicação na separação dos grãos do milho nos campos europeus, em particular no espanhol.) Igualmente, comunidades que adotaram a agricultura nem por isso deixaram de caçar ou coletar quando tinham oportunidade. (Hoje, como obtemos alguns tipos de cogumelo? E certos tipos de trufa? Por meio da coleta, claro, e neste aspecto somos coletores.)

Entretanto, essa classificação não foi abandonada pelos estudiosos, pois, sem a carga valorativa, tem sido muito útil para compreender alguns aspectos da trajetória indígena e, nesse sentido, continua sendo empregada. Com ela, podemos visualizar a importância das transformações tecnológicas e seus impactos na estrutura social e política das sociedades indígenas. Contudo, esta não é a única maneira de se observar a experiência histórica dos índios e outras abordagens, que, por exemplo, se baseiam na valorização da diversidade cultural, nos ajudam a ter uma visão mais acurada, pois complementam aquela baseada na evolução tecnológica.

A temática indígena na escola

Essas outras abordagens, chamadas por alguns de "cultura-listas", por enfatizar as especificidades culturais, apresentam uma visão mais difusa do passado indígena e não fazem uma classificação que possa ser comparada àquela proposta pelo evolucionismo.

Nessa perspectiva, o nomadismo da floresta tropical, modo de vida praticado por diversos grupos humanos como os nucaques, é explicado não como o resultado de uma tecnologia primitiva, mas é tido como fruto das *escolhas culturais* desses grupos que os levaram a *não quererem* adotar outras tecnologias. Poderiam ter domesticado animais e plantas ou desenvolvido a cerâmica para armazenamento de alimentos, já que tiveram contato com povos que dominavam tais técnicas, mas escolheram, por suas disposições simbólicas e culturais, não fazer nada disso.

No extremo oposto, os incas criaram um grande império, com escrita, corte real e as melhores estradas do mundo no século XV. Porém, muitos povos sob seu jugo mantiveram-se como tribos de agricultores, sem grande diferenciação interna e pouco contentes com o fato de terem de pagar tributos para o Estado imperial inca. Só aceitavam o domínio inca por imposição militar, mas sua visão de mundo nada tinha a ver com a inca.

Ainda no mesmo século XV, outros povos da América viviam em tribos confederadas e em guerra entre si, como os tupis.

As classificações e esquemas podem ser didaticamente úteis, mas sempre podem ser reavaliados. Por exemplo, estudos das sociedades indígenas americanas têm mostrado que muitos conceitos explicativos como os fundados no colonialismo e na dominação social (que reconhecem "inferioridades" e "superioridades" entre culturas e povos distintos) devem ser revistos.

Os índios

Ilustração datada do período colonial, com representação do sistema de escrita inca, por meio de cordas.

Os índios nunca utilizaram a roda e nem por isso as estradas incas deixaram de ser as melhores do mundo à sua época, no século xv. A ideia da "domesticação" de animais não se aplica a muitas sociedades indígenas que como os nucaques não usam os animais em cativeiro para produzir alimentos ou outros bens, mas os incorporam em seu convívio de maneira simbólica e espiritual. A oposição radical entre sociedades letradas e ágrafas tampouco parece muito esclarecedora. Em primeiro lugar, sistemas de escrita foram utilizados por indígenas, como

A temática indígena na escola

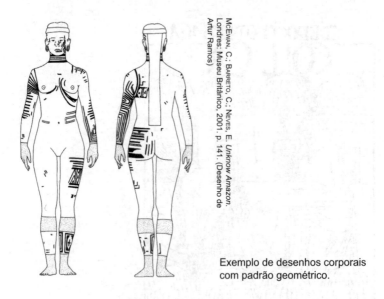

McEwan, C.; Barreto, C.; Neves, E. *Unknow Amazon*. Londres: Museu Britânico, 2001. p. 141. (Desenho de Artur Ramos)

Exemplo de desenhos corporais com padrão geométrico.

no caso da grafia por ideogramas dos maias. Os incas usaram um método original, composto por cordas e nós para registrar sua língua quíchua. Em seguida, como argumenta o estudioso britânico Gordon Brotherston, os desenhos corporais, os penachos, os vasos de cerâmica, as pinturas em couro e nas paredes das cavernas, tudo isso e muito mais consistem em sistemas de escrita, de transmissão de informação de maneira sofisticada e complexa (tão longe, portanto, da simplicidade atribuída aos índios ainda por alguns).

Outras visões antes consagradas também têm sido criticadas, como a que afirma que nas sociedades caçadoras e coletoras há necessariamente uma divisão de tarefas por sexo, ou seja, o homem é o caçador e a mulher é quem faz a coleta e que, por isso, o homem é hierarquicamente superior à mulher.

Os índios

Essa imagem contradiz os resultados de estudos, tanto de comunidades indígenas vivas, como do passado, que mostram que, em muitas delas, às mulheres cabem múltiplas funções e não só as chamadas "domésticas". Eles revelam a existência de grupos indígenas em que a posição da mulher é proeminente, algo muito distante da imagem da mulher passiva que os europeus que os contataram traziam consigo. Basta lembrar que, quando chegaram ao Amazonas, os colonizadores encontraram mulheres guerreiras que chefiavam suas tribos e, por isso, deram a elas o nome das míticas lutadoras gregas antigas: "amazonas". Esse nome deriva da posição hierárquica excepcional dessas índias, também no campo da guerra, considerado pelos colonizadores como apanágio masculino. A arqueóloga

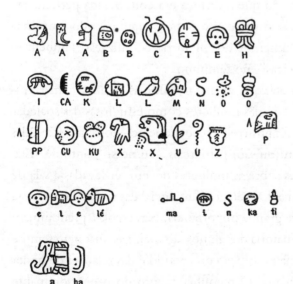

Sinais maias alfabéticos e silábicos.

A temática indígena na escola

norte-americana Anna Roosevelt estudou os assentamentos pré-históricos amazônicos, assim como a cerâmica marajoara, com sua onipresente representação dos atributos femininos da fertilidade e concluiu, de forma enfática, que as mulheres ocupavam uma posição hierárquica relevante. Para além do caso bastante conhecido das amazonas, estudiosas têm mostrado que, em outras tribos indígenas, as mulheres também exerciam papéis sociais muito importantes e valorizados. A arqueóloga cubana Lourdes Dominguez estudou diversas tribos indígenas, dentre as quais as de língua aruaque, presentes tanto no Caribe, como na América do Sul – povos que viviam no Brasil, na Venezuela e nas ilhas caribenhas. Entre eles, encontrou tribos em que as principais divindades eram femininas e a linhagem era materna, tanto no que se refere à descendência como à herança, de modo que a criança era considerada pertencente à família da mãe, assim como os bens eram passados por linha materna. Documentos do início da colonização também se referem a "cacicas", no feminino.

É bom notar que, apenas nas últimas décadas, com a crescente participação das mulheres como estudiosas das sociedades indígenas, foi possível perceber que nem todas as sociedades indígenas eram (ou são) patriarcais. Do nosso ponto de vista, essas discussões sobre as mulheres devem ser levadas à sala de aula, pois o tema do protagonismo social das mulheres, na nossa sociedade, é de grande importância. Nas escolas, predominam professoras, a maioria dos alunos são meninas, mas nem sempre isso se reflete na percepção do passado e das relações de poder na nossa sociedade. O reconhecimento do papel dominante

Os índios

das mulheres em muitas sociedades indígenas pode contribuir para a desnaturalização dos papéis atribuídos ao feminino e ao masculino em nossa sociedade.

Nessa mesma linha, também cabe comentar em sala de aula sobre a diversidade de sexualidades registrada em tribos indígenas. Pesquisas têm mostrado a existência de sociedades indígenas que reconhecem mais do que dois sexos. A arqueóloga norte-americana Barbara L. Voss é uma das estudiosas desses personagens sociais que não são considerados nem "homem" nem "mulher", mas estão em uma terceira categoria designada "muxes" pelos zapotecas, "berdaches" pelos illinois, "winktes" pelos lacotas, "ikoneta" pelos ilinos, "egwakwe" pelos chipewas, "axi" pelos xumaxes, "miati" entre os hidatsas, entre muitos outros nomes que variam de tribo a tribo. O que importa é o reconhecimento da existência de pessoas que não são tratadas como homens ou mulheres, são vistas como de um outro tipo.

Isso se reflete nas relações sociais estabelecidas dentro do grupo. Um grupo indígena, por exemplo, que admite homens, mulheres, e homens que vivem como mulheres e vice-versa, organiza as relações humanas de uma maneira particular. Esta conclusão é um alerta contra as óticas interpretativas que ignoram a diversidade de sexualidades e de relações de gênero entre os indígenas, mas também na nossa sociedade. E é por isso também que este tema é muito importante na sala de aula, hoje, no Brasil, pois embora nossa sociedade reconheça a existência de gays, lésbicas e transgêneros, entre outros, com vários direitos garantidos por lei, ainda há muito preconceito e discriminação por conta de suas diferenças.

A temática indígena na escola

A COLONIZAÇÃO DO BRASIL
NO CONTEXTO SUL-AMERICANO

A maioria dos estudiosos considera que a entrada de seres humanos no que viria a ser o Brasil se deu por meio da América Central, motivo pelo qual convém tratar da colonização do continente em geral, com destaque para a América do Sul. A cronologia mais aceita parte dos últimos 40 mil anos. Segundo a convenção dos arqueólogos, as datas mais antigas são "antes do presente" (AP), sendo tomado como "presente" o ano de 1950. Para as datas mais recentes, a partir de 6000 AP ou 4000 a.C., prevalece a terminologia tradicional "a.C." (antes de Cristo) e "d.C." (depois de Cristo). Alguns ainda preferem, no lugar destas últimas, usar as terminologias "a.e.c." (antes da era comum) e "e.c." (era comum). Portanto, usa-se AP para datas anteriores a 6000 anos atrás e a.C. ou a.e.c. para datas posteriores, a partir de 4000 a.C. ou a.e.c. (=6000 AP).

40000-20000 AP (Antes do Presente)	Primeiras ocupações humanas do Novo Mundo
10000 AP	Início do aquecimento do Holoceno
8000 AP	Extinção da megafauna e início da domesticação de plantas
7000 AP	Início das aldeias sedentárias (Andes)
4000 a.C.	Início da domesticação de animais (Andes)
3300 a.C.	Início da cerâmica (Colômbia) Construções monumentais (Andes)
3300-3000 a.C.	Início da domesticação do algodão (Andes)
500 d.C.	Primeiros Estados

Os índios

1492	Colombo chega à América
1500	Cabral chega ao Brasil
1500-1550	Conquista espanhola da América do Sul
1810-1825	Independências na América do Sul

Neste quadro mais geral, os estudiosos divergem, a partir de suas posições teóricas, sobre como classificar em termos cronológicos as sociedades indígenas sul-americanas. A maioria dos autores, a partir da perspectiva que destaca o domínio tecnológico e a característica da estrutura social, prefere distinguir cinco períodos históricos. Segundo essa abordagem, o período inicial (até cerca de 3500 a.C.) foi caracterizado pela produção apenas de artefatos de pedra e por comunidades coletoras, com aldeias pequenas e com muita mobilidade.

Em seguida, surgiram e se multiplicaram as aldeias sedentárias, assim como a produção de vasos de cerâmica. Esse período foi denominado "formativo" (1500-200 a.C.) por estudiosos que consideraram ser a etapa de consolidação da vida em comunidade agrícola estável que permitiria a formação (daí o nome "formativo"), em algumas partes da América do Sul, de cidades e Estados. Isto se deu nos Andes entre 200 a.C. e 900 d.C., com o florescimento de civilizações complexas e por isso esse período andino foi chamado de "clássico". Esse nome, além de dar a entender que essa etapa seria o ápice das culturas andinas, traça um paralelo com o período clássico da Grécia antiga (século v a.C.), quando cidades-Estado floresceram também.

51

A temática indígena na escola

O último período (900-1500 d.C.) foi caracterizado, pelo surgimento de grandes impérios, com destaque para o Império Inca (século XV), que dominou uma imensa área e foi comparado aos impérios de Alexandre o Grande (336-323 a.C.) e Romano (31 a.C. - 410 d.C.) e por isso foi chamado de período "pós-clássico".

No entanto, tanto o clássico como o pós-clássico aplicam-se apenas para os Andes, pois no restante da América do Sul, nas terras baixas, não houve essa fase das cidades e dos impérios.

Quadro cronológico dominante

Época	Cronologia	Descrição
Lítico	40000-3500 a.C.	Líticos em comunidades pequenas nômades
Arcaico	3500-1500 a.C.	Início da agricultura e do pastoreio
Formativo	1500-200 a.C.	Cerâmica em assentamentos permanentes
Clássico	200 a.C.-900 d.C.	Sociedades complexas e civilizações
Pós-Clássico	900-1500	Diversificação dos sistemas políticos

Outros estudiosos preferem utilizar uma terminologia mais próxima àquela usada para a Pré-História do Velho Mundo, e classificar as mudanças em quatro períodos, a começar pela "Idade da Pedra", até 18000 AP, com comunidades indígenas caçadoras e coletoras, as mais antigas na cordilheira dos Andes. O "paleolítico superior" (18000 AP - 9000 AP) foi caracterizado por comunidades caçadoras e coletoras mais especializadas, incluindo aquelas

Os índios

Ponta de flecha pré-histórica, tipo de artefato que atesta a tecnologia de antigos indígenas americanos.

que utilizavam os recursos marítimos e existiram nos pampas, na Patagônia, no planalto brasileiro e nas áreas costeiras. O "neolítico" (6000 a.C. – 1 a.C.) viu florescer as comunidades de agricultores e pastores, com as mais antigas, uma vez mais, na região andina, de norte a sul, da Colômbia à Argentina e Chile atuais, com alguma evidência também na Amazônia. Ao final, altas culturas ou "civilizações" (1 a.C. – 1500 d.C.) levaram ao assentamento de cidades e mesmo impérios, com diversificação econômica e especialização nas atividades sociais, em todo os Andes.

Período	Cronologia	Tecnologia	Local
Protolítico	até 18000 AP	Caça e coleta	Andes
Paleolítico	18000 AP-9000 AP	Caça e coleta especializada	Pampas Patagônia Brasil
Neolítico	6000 a.C.-1 a.C.	Agricultura e pastoreio	Andes Amazônia
Civilizações	1 a.C.-1500 d.C.	Cidades e impérios	Andes

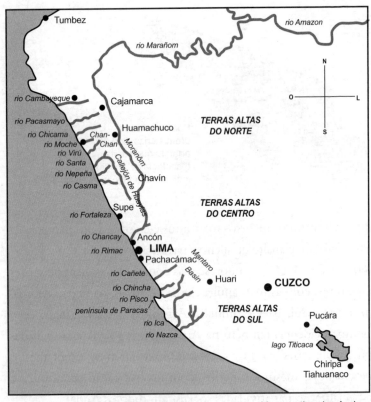

Mapa antigo dos Andes.

A ocupação pelos indígenas do que viria a ser o território brasileiro data, ao menos, de 12 mil anos atrás, pois temos evidências da presença humana em Lagoa Santa (MG), no vale do rio São Francisco, no Piauí, em Mato Grosso e Goiás e até mesmo em São Paulo, no sítio Alice Boer, em Rio Claro, que apresenta datação muito antiga (14200 AP). O crânio de Luzia, proveniente de Lagoa Santa, é um dos mais antigos testemunhos da presença humana no Brasil.

Os índios

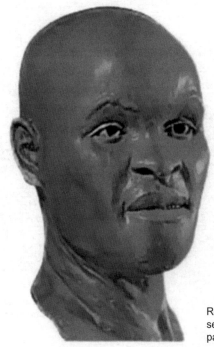

Reconstrução de como seria o rosto de Luzia, a partir do crânio.

No final do "pleistoceno", entre 12 e 10 mil anos AP, muitas comunidades que dominavam a tecnologia da pedra viviam no território brasileiro, do Rio Grande do Sul à Amazônia. As pesquisas arqueológicas mostram que, no final do primeiro milênio a.C., todo o Brasil já era ocupado pelos indígenas.

No geral, aqui viviam povos produtores de artefatos líticos no interior, denominados por alguns pesquisadores como produtores das tradições líticas "umbu" e "humaitá", e, na costa, os sambaquieiros, povos que utilizavam os recursos marítimos e deixaram montes de conchas ("sambaquis" ou "concheiros") como testemunho de sua vida.

A temática indígena na escola

Os sambaquis podiam atingir alturas de 30 metros ou mais.

Uma primeira fase de ocupação do Brasil ocorreu até mais ou menos 6 mil anos AP levada a cabo por populações caçadoras e coletoras, e foi seguida, a partir de então, pelo desenvolvimento da agricultura, da produção de cerâmica e do aumento populacional. A expansão da agricultura foi fundamental para que as comunidades agrícolas dominassem, aos poucos, o território. Com a difusão das roças, as principais plantações foram de mandioca, batata-doce, cará, milho, feijão e amendoim. A pesca, tanto em mar como nos rios, também foi importante para o incremento populacional. Disso tudo dão testemunho arqueológico tigelas cerâmicas que serviam para cozinhar, armazenar e servir os alimentos.

Os índios

A diversidade humana era imensa. No Sul, havia assentamentos com abrigo subterrâneo para proteger do frio – os "buracos de bugre". No litoral, os grandes sambaquis, de mais de 30 metros de altura, dominavam a paisagem costeira. Na Amazônia, grandes aldeias, verdadeiras cidades, atestam a imensa variedade cultural indígena antes da chegada dos europeus.

A DISTRIBUIÇÃO DOS ÍNDIOS

Os índios costumam ser agrupados por afinidades linguísticas. A linguística analisa os idiomas e procura organizá-los em família e troncos de modo a desvendar as origens comuns e as divergências com o passar do tempo. Embora exista uma infinidade de línguas indígenas, é possível afirmar que nenhuma delas deriva de outro continente, já que fenícios, vikings e chineses podem até ter chegado à América, mas não legaram suas línguas. É verdade que o esquimó é falado na Groenlândia e na Ásia. Na América do Norte, por exemplo, há nove principais grupos linguísticos:

- álgico
- iroquês
- muscogeano
- siouano
- uto-asteca
- atabascano
- salichano
- esquimó
- maia

57

A temática indígena na escola

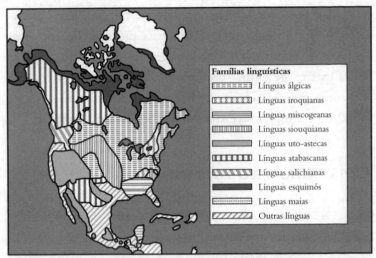

Idiomas nativos da América do Norte.

Essa classificação não significa que os falantes dessas línguas sejam todos geneticamente relacionados. Não há uma ligação direta entre genes, língua e cultura, e sabemos que as línguas foram adotadas por povos diversos, por diferentes fatores. Na mesma linha de raciocínio, nem todos que compartilham afinidades linguísticas se dão bem ou se consideram amigos ou parentes. De qualquer modo, a distribuição dos idiomas em grandes grupos demonstra o alcance da diversidade cultural.

Na América do Sul, os principais grupos são cinco:

- aruaque
- caribe
- macro-jê
- tucano
- tupi

Os índios

Línguas indígenas da América do Sul.

O Caribe parece ter sido ocupado por ameríndios sul-americanos, a julgar pelo uso de línguas aruaques.

A temática indígena na escola

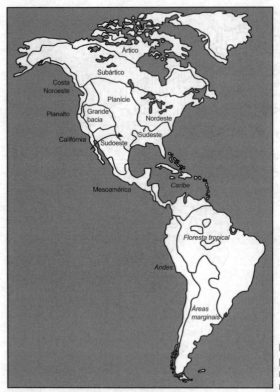

Mapa com os principais ambientes naturais do continente americano.

Uma classificação dos grupos indígenas pelas características geográficas dos lugares em que viviam foi muito comum entre os estudiosos, na voga do determinismo ecológico. Segundo a tipologia geográfica, na América do Sul haveria apenas quatro ambientes: Caribe, Andes, Floresta Tropical e área Marginal.

Cada uma das grandes regiões geográficas teve grupos indígenas com características culturais próprias, como, por exemplo, o desenvolvimento das roupas, da agricultura e das cidades nos

Os índios

Andes, por contraposição à pintura corporal, nudez, nomadismo e pequenas aldeias temporárias na floresta tropical.

Hoje a "classificação por características geográficas" tem sido preterida em favor de classificações mais culturais. Não há, contudo, uma única classificação a partir das diferenças culturais que possa ser colocada em um mapa com o qual todos os estudiosos estivessem de acordo. Isso se pode entender, pois há dois fatores em jogo: o tempo e os critérios de classificação. No primeiro caso, como as culturas pré-históricas nos últimos 12 mil anos foram muitas, não seria fácil acomodá-las em um mapa. Além disso, diferentes autores apresentam diferentes tipologias. Um exemplo permite observar essa diversidade, segundo um capítulo de uma enciclopédia de Arqueologia publicada recentemente:

Quadro de áreas culturais nos Andes classificadas segundo os autores

Willey (1971)	Bate (1983)	Lumbreras (1981, 1999)
Área central andina	Extremo norte	Extremo norte
Andes meridionais	Andes equatoriais	Norte
	Andes centrais	Centro
	Andes centro-meridonais	Centro-meridional
	Meridional	Meridional
		Extremo sul

[Pedro Paulo A. Funari, A. Zarankin, E. Stovel. "South American Archaeology", *The Oxford of Archaeology*. Oxford: Oxford University Press, 2009, p. 965.]

A temática indígena na escola

Mesmo assim, essas classificações, ainda que culturais, estão calcadas em regiões geográficas. Uma classificação de povos por critérios estritamente culturais para toda a Pré-História não cabe em um mapa.

O ESTATUTO JURÍDICO DOS INDÍGENAS

O estatuto jurídico dos indígenas variou muito no passado e continua sendo alterado. Nos primeiros séculos da colonização, os índios foram considerados "incapazes" – intermédio entre os livres e os escravos de origem africana. Em diversos lugares do mundo hispânico, tornaram-se trabalhadores dependentes, sujeitos a um regime semelhante ao da escravidão africana, com a diferença de que permaneciam em comunidades indígenas, enquanto os outros, os africanos, eram mantidos em cativeiro. No Brasil, embora tampouco pudessem ser legalmente escravizados, foram por séculos assimilados à escravidão, como "negros da terra". Nos Estados Unidos, os nativos sempre estiveram excluídos da sociedade livre, ainda que não fossem escravizados.

Hoje, na maioria dos países, os indígenas têm direitos específicos, seja em suas reservas, seja em suas comunidades. No Brasil, desde a restauração das liberdades civis em 1985, foram adotadas diversas medidas para garantir o direito dos índios às suas terras e ao ensino na sua própria língua, entre outros.

Como resultado das lutas e mobilizações dos índios, a Constituição de 1988 conferiu um tratamento inovador aos povos indígenas. Pela primeira vez na história do Brasil, foi reconhecido

Os índios

seu direito à diferença (art. 231), rompendo com a busca da assimilação, que havia prevalecido até então. Foi lhes garantido o usufruto exclusivo de seus territórios ocupados por uso consuetudinário, definidos a partir de seus usos, costumes e tradições (art. 231). A União foi instituída como instância privilegiada das relações entre os índios e a sociedade nacional. Por meio do artigo 232, os indígenas e suas organizações foram reconhecidos como partes legítimas para ingressar em juízo em defesa de seus direitos, o que incentivou a expansão e a consolidação de suas associações. Para isso, foram definidos canais de comunicação direta entre os índios, o Ministério Público e o Congresso Nacional. Com tais medidas, o conceito de "capacidade relativa dos silvícolas" (Código Civil, 1917), e a consequente necessidade do "poder de tutela", perdeu validade e atualidade.

Estas vitórias constitucionais não foram completas, pois estava prevista ainda a necessidade de sua regulamentação. Assim, no momento, o estatuto jurídico dos indígenas continua incerto, indefinido. Se por um lado a questão da sua incapacidade jurídica foi superada, por outro, os indígenas ainda não são cidadãos de pleno direito. Para lutar pelos interesses indígenas, existem, hoje, centenas de organizações e sites. Além disso, em todo o continente, associações indígenas se multiplicaram.

A escola

A EDUCAÇÃO ENTRE OS ÍNDIOS

A escola, no sentido moderno, é uma invenção recente, difundida apenas a partir do século XIX. Antes disso, a escola nada mais era do que o tempo livre para a reflexão, pois esse é o sentido da palavra em grego antigo (*skholé*, ócio, lazer, tempo sem trabalho). Assim, não eram apenas os gregos que tinham escola, mas também os índios. A transmissão de regras de comportamento social, de domínio do mundo material e

A temática indígena na escola

espiritual, tudo isso se passava por meio de um ensinamento cotidiano, variado em suas formas, mas substantivo. Os adultos transmitiam às crianças os conhecimentos para que pudessem fazer um vaso de cerâmica, um artefato de pedra ou de madeira, de modo que aprendessem a caçar, pescar, lutar em uma guerra. Essa educação dos cinco sentidos – olfato, paladar, tato, visão e audição – era dada por meio daquilo que o antropólogo francês André Leroi-Gourhan chamaria de "gesto técnico": este conceito se refere à capacidade humana, por meio de gestos aprendidos, de manejar e modificar os objetos. Não é fácil fazer um arco e flecha, uma canoa ou moldar e cozer um vaso de barro. Entre os índios, não havia cursos nem cartilhas explicativas, mas sim a transmissão da gestualidade que permite que a vida diária se perpetue.

Nem só de pão, ou de caça e pesca, vive o homem. Vamos pensar um pouco: quando vemos uma cruz, fazemos uma série de associações com Jesus Cristo, a ressurreição, ou quando vemos uma estrela de Davi, logo pensamos nos judeus e no culto ao deus único, Jeová, assim como a cruz gamada, ou suástica, lembra-nos o nazismo, com suas características racistas e ditatoriais. Ou seja, em tudo existe uma narrativa, uma simbologia, que só faz sentido para nós se a conhecemos e dominamos. Se virmos um ideograma chinês muito importante para mais de um bilhão de chineses, não o associaremos a nada, não o incluiremos em uma narrativa: para nós não faz sentido. É isto o que acontece com a produção simbólica dos índios. Para nós, muitas vezes, nada significa ou é tomada apenas por sua beleza, como testemunho do seu domínio da arte. Mas, os índios conheciam ou conhecem a arte?

A escola

Grupo de índios bororos atentos ao relato de um deles sobre uma caçada de onça.
[Aquarela de Aimé-Adrien Taunay, 1827]

Os gregos antigos não sabiam o que era arte, pois, para eles, havia algo que designavam como *tekhné* (produção, técnica) ou *poiesis* (algo feito, um produto). O mesmo acontecia com os latinos, cujo conceito de *ars*, de onde deriva nossa palavra "arte", estava mais próximo de "técnica" e "manual" do que de algo abstrato e desinteressado, como denota nosso conceito de arte. E os índios? Nas diversas línguas indígenas havia e há termos que estão mais próximos dos conceitos grego e latino, muito concretos, do que da nossa concepção moderna e abstrata de arte (a tal "arte pela arte"). Para os índios, como para gregos e romanos antigos, não havia objeto artístico, mas representação que podia ser bela, atraente, embora sempre voltada para a satisfação de necessidades simbólicas determinadas.

A temática indígena na escola

Se até aqui tudo parece muito teórico, vamos ver como isso acontece na prática. Os indígenas representavam aquilo que, para eles, possuía sentido. Observemos, a seguir, um simples cesto waiana. À primeira vista, para um observador moderno acostumado com a ideia da arte pela arte, o objeto aparece como algo bonito, cujos motivos geométricos remetem a uma narrativa que nos é conhecida: a geometria, a divisão do espaço (a palavra "geometria" vem do grego e seu sentido original é "medida da terra"). Os indígenas, entretanto, não conheciam a geometria (nem o conceito moderno e ocidental de "arte"). Mas, se é assim, por que usaram tais motivos? Os índios waianas acreditavam em uma narrativa do

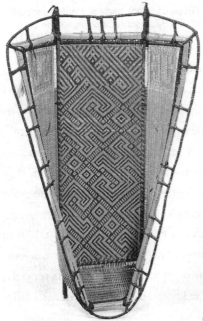

Cesto waiana.

A escola

mundo a partir da contraposição entre natural e humano, ou entre "natureza" e "cultura", para usarmos termos nossos, ocidentais, e que já são interpretações nossas dos conceitos dos índios. Na figuração do cesto waiana, à luz dessa leitura bipolar do mundo, conseguimos notar que os traços opõem sempre dois lados contrapostos, traços que se apresentam um diante do outro, em paralelo, formando o que para nós parecem ser motivos geométricos, mas que para os índios correspondia à sua visão do "mundo natural" contraposto àquele "humano" (cultural). A narrativa, assim, nos faz compreender a decoração, que deixa de ser geometria – um conceito nosso – para ser waiana.

Segundo os antropólogos, essa narrativa pode ser chamada de "mitologia". Se retomarmos o étimo grego, *mythos* significa "relato", uma história. Estudiosos modernos, como Claude Lévi-Strauss e Maurice Gaudelier, ressaltam que o pensamento mítico possui uma lógica própria, transmitida de geração para geração.

> Longe de ser, como muitas vezes se pretendeu, obra de uma "função fabulatória", virando as costas à realidade, os mitos e os ritos oferecem como valor principal a preservação até nossa época, sob uma forma residual, de modos de observação e de reflexão que foram (e sem dúvida permanecem) exatamente adaptados a descobertas de um certo tipo: aquelas que a natureza autorizava a partir da organização e da exploração especulativas do mundo sensível. Esta ciência do concreto deveria ser, por essência, limitada a outros resultados que àqueles prometidos às ciências exatas e naturais, mas ela não foi menos científica, e seus resultados não foram menos reais. [Claude Lévi-Strauss, *O pensamento selvagem*, 1962].

A temática indígena na escola

Essas palavras, escritas há quase cinquenta anos, permanecem válidas, ao menos no que se refere à noção de que mitos e ritos indígenas permitem compreender o mundo de forma racional ou científica, para usarmos o termo do pensador francês.

Menos durável talvez se possa considerar a observação de uma limitação do pensamento mitológico, em relação às ciências ditas exatas e naturais, tendo em vista que também estas não podem prescindir de uma visão de mundo prévia, subjetiva e cultural. Mas isso já seria outro ponto, o que nos desvia da constatação capital de que os índios possuem um domínio material e espiritual do mundo e que o transmitem sem escrita, sala de aula ou professores.

BROTHERSTON, Gordon. *La América Indígena en su literatura: los libros del cuarto mundo.* México: Fondo de Cultura Económica, 1997. Lâmina 18b.

Representação do Espírito da Selva Amazônica dos barasanas.

70

A escola

A ESCOLA OCIDENTAL CHEGA À AMÉRICA

A escola que chegou ao continente americano com os europeus não era aquela dos gregos antigos. Após o declínio do mundo antigo, a partir do século v d.C., predominou o ensino apenas dos clérigos da Igreja, em particular nos monastérios. A população camponesa não tinha instrução formal, desconhecia a escrita e falava dialetos locais. Mesmo os senhores e régulos desconheciam a única língua que era escrita à época, o latim, pois eles falavam dialetos germânicos ou românicos que tardariam muitos séculos a serem escritos.

A Igreja encarregou-se de perpetuar o ensino das Escrituras Sagradas, a *Bíblia*, em sua tradução latina, assim como o de outras obras antigas e catequéticas. O domínio religioso da Igreja iria persistir durante os séculos finais da Idade Média (séculos XI-XV) e iria, de diversas maneiras, moldar a escola até o advento dos Estados nacionais modernos, a partir do século XVIII. Os estudos eram reservados àqueles com aspirações espirituais, à elite.

O surgimento dos movimentos reformistas, a partir do século XVI, com Martinho Lutero (1483-1546) e João Calvino (1509-1564), viria a alterar os rumos da escola e afetaria, de forma direta, o contato dos europeus com os indígenas. Os reformadores protestantes pregavam a leitura das escrituras e o abandono do idioma latino em favor das línguas faladas. Com isso, a liturgia dos serviços religiosos passava a ser no idioma vernáculo e as igrejas já não tinham imagens de santos, mas inscrições retiradas da *Bíblia*, que o homem comum devia poder ler para se orientar.

A temática indígena na escola

Surgia, assim, o incentivo para uma alfabetização mínima e o conhecimento do texto bíblico.

Acossada pela Reforma Protestante, a Igreja Católica reagiu com o que viria a ser conhecido como Contrarreforma, a partir da fundação da Companhia de Jesus, ou Sociedade Jesuíta (1539), e do Concílio de Trento (1545-1563) e da retomada do caráter missionário da Igreja, por meio de ordens como a dos franciscanos (Ordem dos Frades Menores, do século XIII). O historiador brasileiro Ronaldo Vainfas definiu esse movimento como "deculturação" (retirada da cultura do índio) e catequese de massas, demonização e aculturação dos campos; nisso residiu o essencial da Reforma Católica em sua ambição mundial. Com esse espírito, padres da Igreja chegaram ao continente americano e estabeleceram as primeiras missões catequéticas com seus colégios destinados aos nativos.

Jesuíta em aldeia tapuia.

A escola

O jesuíta padre Vieira na catequização das tribos da ilha de Marajó, na foz do rio Amazonas, 1657. [Óleo de Theodoro Braga, 1917]

Os jesuítas se destacaram na colonização portuguesa na tarefa de aprender os idiomas dos índios e de catequizá-los usando o próprio modo indígena de falar. Os padres Manoel da Nóbrega (1517-1570) e José de Anchieta (1534-1597) sobressaíram-se nessa tarefa. Nóbrega chegou ao Brasil com Tomé de Souza em 1549 e Anchieta em 1553. Anchieta foi o grande responsável pelo estudo dos falares indígenas, formulando a gramática tupi

73

A temática indígena na escola

ou língua geral do Brasil (nheengatu), composta já em 1555. Anchieta relata, em carta datada de 1563, o papel do aprendizado da doutrina na escola cristã:

Dando aos índios, pois, a primeira lição de ser um só Deus todo-poderoso que criou todas as coisas, etc., logo se lhe imprimiu na memória do velho índio, dizendo que ele lhe rogava muitas vezes que criasse os mantimentos para sustento de todos. Pensava serem os trovões este Deus, mas agora que sabia haver outro Deus verdadeiro sobre todas as coisas, rogaria a ele, chamando-lhe Deus Pai e Deus Filho. Porque, dos nomes da Santa Trindade, somente esses dois pôde tomar, pois se podem dizer em sua língua. Mas o Espírito Santo – para o qual nunca achamos vocábulo próprio nem circunlóquio suficiente –, embora não o soubesse nomear, sabia-o crer assim como o dizíamos. Tornei, depois, a visitá-lo, perguntando-lhe por sua lição. Tornou a repetir tudo, dizendo que, por não poder dormir, por sua muita velhice, a maior parte da noite ficava pensando e falando consigo aquelas coisas, desejando fosse sua alma ao céu. E falando palavras afetuosas de amor a Nossa Senhora, nunca mais se esqueceu do mistério e do nome da Virgem. O nome de Jesus teve mais trabalho em retê-lo, e para isso chamava seus filhos e netos que viessem a ouvir para que lhe recordassem o que esquecesse... O que mais se lhe imprimiu foi o mistério da Ressurreição, o qual repetia muitas vezes dizendo: Deus verdadeiro é Jesus que saiu da sepultura e se foi ao céu, e depois virá muito irado a queimar todas as coisas. [versão adaptada]

Como se fazia o aprendizado? Por meio da memorização. E embora nessa passagem Anchieta se refira a um idoso, o foco

A escola

da ação catequética era outro grupo etário, em suas palavras: "Nosso principal fundamento está na doutrina das crianças, às quais lhes ensino a escrever, ler e cantar". Em pouco tempo, segundo a visão dos padres, os indígenas tornavam-se católicos fervorosos, ou, como disse o próprio Anchieta: "Se acaso algum deles, pouco que seja, se dá, ou pelo jeito do corpo ou pelas palavras ou de qualquer outro modo, a alguma coisa que tenha ressaibo de costumes gentios, imediatamente os outros o acusam e riem dele". Como ressalta o historiador brasileiro Ronald Raminelli, os padres entusiasmavam-se com os avanços da catequese, com a participação indígena em procissões e ladainhas, missas e festas dos santos.

Escola jesuítica em que os indígenas agrupavam-se para aprender orações. [*Na escola de Piratininga*, gravura em relevo de Mastroiani]

75

A temática indígena na escola

Por outro lado, os padres aprendiam a língua dos índios, falavam com eles no seu idioma e comiam as iguarias tradicionais indígenas. Os colonos que chegavam logo se miscigenavam e os filhos gerados não falavam o português. Os habitantes do interior do que viria a ser o Brasil, a partir de São Paulo de Piratininga, falaram apenas o tupi por mais de dois séculos, até o final do século XVIII.

Em pouco tempo de colonização, havia os índios do interior, em sua miríade de tribos, e os índios mamelucos, apresadores daqueles outros índios. Na costa, do Rio de Janeiro a Pernambuco, e dali a Belém do Pará, também surgiu uma população mesclada, com um substrato europeu misturado aos índios e aos escravos africanos, de costumes indígenas importantes e ainda que a língua falada ali fosse o português o analfabetismo era generalizado. A onipresença dos indígenas, tanto no interior da sociedade colonial, como ao seu externo, nas áreas fora do controle dos colonos, nunca foi desconhecida. Nas áreas de fala tupi, nas quais circulavam os paulistas, o apresamento de índios era uma das atividades essenciais.

Com isso tudo, as contradições existentes nas percepções por parte dos colonizadores a respeito dos índios só faziam avolumar. O sociólogo brasileiro Florestan Fernandes analisou essas contradições e concluiu que os indígenas tiveram duas possibilidades de atuação: a submissão, com suas consequências aniquiladoras para a unidade tribal, ou a fuga com o isolamento. No primeiro caso, os índios foram assimilados à sociedade colonial, com maior ou menor preservação das suas características culturais. Entre os paulistas, até mesmo o idioma foi o seu. Mas, segundo Fernandes, desapareciam as condições de manutenção

A escola

da unidade cultural original indígena e a assimilação levava à perda de sua especificidade dentro dessas populações mistas, predominantes, de uma forma ou de outra, em todo o território. Nesse caso, o papel dos jesuítas foi central, ao orientar-se para

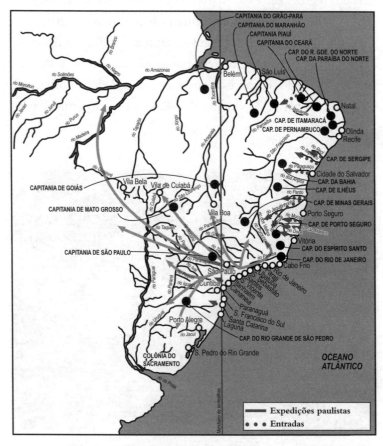

Mapa com os rumos das principais entradas e bandeiras, segundo a *História geral da civilização brasileira*, organizada por Sérgio Buarque de Holanda. As expedições paulistas eram compostas por mamelucos que falavam o tupi e aprisionavam outros índios.

A temática indígena na escola

os mais jovens: "Eles instalavam no ânimo das crianças, principalmente, dúvidas a respeito da integridade das opiniões dos pais ou dos mais velhos e da legitimidade das tradições tribais". No segundo caso, ocorreu a manutenção das estruturas tribais, mas em regiões cada vez mais distantes dos colonizadores, nem sempre com as condições ambientais adequadas. Isso, entretanto, garantiu a preservação, por séculos, das tribos indígenas de forma autônoma, e permitiu que reelaborassem suas culturas. Porém, foram percebidos como exteriores à comunidade majoritária e, esta, por sua parte, desvinculou-se de suas origens étnicas, biológicas e mesmo culturais indígenas.

Indígenas que se mantiveram isolados preservaram e renovaram tradições tribais, como os nucaques. [Foto de uma mulher fazendo um cesto].

A escola

ÍNDIOS IDEALIZADOS
E ÍNDIOS COMBATIDOS

O quadro muda a partir de fins do século XVIII, com a vinda da família real portuguesa ao Rio de Janeiro em 1808, embora não tenha se alterado tanto a percepção popular dos indígenas, nem a falta de preocupação das autoridades com a instrução formal das pessoas comuns. Enquanto nos Estados Unidos recém-independentes surgiam os primeiros livros escolares, o Brasil continuava a primar pela ausência de educação formal e de publicações. A mudança se deu com a supressão do uso generalizado do nheengatu e com a introdução de costumes e percepções oriundas da corte portuguesa. O abandono da língua tupi, conhecida como língua geral, testemunhava a entrada daquelas populações mamelucas do sertão no âmbito econômico mercantil e no comércio internacional. O português dominou o tupi no Brasil, como resultado, em boa parte da unidade sociocultural centrada no Rio de Janeiro e na costa brasileira, a partir do Ciclo do Ouro, no século XVIII, e com a vinda da Corte Portuguesa em 1808.

A segunda mudança refere-se à constituição de uma corte imperial no Rio de Janeiro, desde 1808, com a consequente continuidade no período monárquico (1822-1889). A instalação de uma corte portuguesa e, depois, brasileira, viria a introduzir novas maneiras de conceber o indígena. Vieram para cá estudiosos da natureza, mas também dos grupos humanos nativos que aqui viviam. A partir da constituição do país independente, a Corte Portuguesa buscou legitimar-se ao se apresentar não apenas como

A temática indígena na escola

herdeira da tradição nobiliárquica europeia, mas como, de alguma forma, ligada à terra e aos seus habitantes originais.

Instituições como o Instituto Histórico e Geográfico Brasileiro (IHGB) foram capitais para que os índios, seus costumes e artefatos, passassem a ser estudados e valorizados. Na literatura, multiplicaram-se os heróis indígenas. Embora idealizados, os índios agora apareciam, e de maneira positiva, como na "Canção do Tamoio", de Gonçalves Dias (1823-1864), um dos poemas mais significativos do idioma e dos mais conhecidos:

I
Não chores, meu filho;
Não chores, que a vida
É luta renhida:
Viver é lutar.
A vida é combate,
Que os fracos abate,
Que os fortes, os bravos
Só pode exaltar.

II
Um dia vivemos!
O homem que é forte
Não teme da morte;
Só teme fugir;
No arco que entesa
Tem certa uma presa,
Quer seja tapuia,
Condor ou tapir.

III
O forte, o cobarde
Seus feitos inveja
De o ver na peleja
Garboso e feroz;

A escola

E os tímidos velhos
Nos graves conselhos,
Curvadas as frontes,
Escutam-lhe a voz!

IV

Domina, se vive;
Se morre, descansa
Dos seus na lembrança,
Na voz do porvir.
Não cures da vida!
Sê bravo, sê forte!
Não fujas da morte,
Que a morte há de vir!

V

E pois que és meu filho,
Meus brios reveste;
Tamoio nasceste,
Valente serás.
Sê duro guerreiro,
Robusto, fagueiro,
Brasão dos tamoios
Na guerra e na paz.

VI

Teu grito de guerra
Retumbe aos ouvidos
D'imigos transidos
Por vil comoção;
E tremam d'ouvi-lo
Pior que o sibilo
Das setas ligeiras,
Pior que o trovão.

VII

E a mão nessas tabas,
Querendo calados

A temática indígena na escola

Os filhos criados
Na lei do terror;
Teu nome lhes diga,
Que a gente inimiga
Talvez não escute
Sem pranto, sem dor!

VIII

Porém se a fortuna,
Traindo teus passos,
Te arroja nos laços
Do inimigo falaz!
Na última hora
Teus feitos memora,
Tranquilo nos gestos,
Impávido, audaz.

IX

E cai como o tronco
Do raio tocado,
Partido, rojado
Por larga extensão;
Assim morre o forte!
No passo da morte
Triunfa, conquista
Mais alto brasão.

X

As armas ensaia,
Penetra na vida:
Pesada ou querida,
Viver é lutar.
Se o duro combate
Os fracos abate,
Aos fortes, aos bravos,
Só pode exaltar.

A escola

Embora muito bonito, o poema é cheio de rebuscamento e, tanto à época como hoje, não se pode dizer que tenha chegado às camadas mais populares, à exceção, talvez, da expressão "a vida é luta renhida". Havia um esforço de resgatar uma imagem positiva dos índios, mas restrito às elites, como não poderia ser diferente em uma sociedade escravista e aristocrática. Assim, durante o Império (1822-1889), os índios foram vistos sob o manto da idealização como aqueles que garantiam a nacionalidade brasileira para a corte do Rio de Janeiro. De fato, em termos simbólicos, o que nos fazia diferentes dos portugueses era apenas e tão somente o substrato indígena, nossa única particularidade, já que os africanos, escravizados,

O último tamoio. [Óleo sobre tela, Rodolfo Amoedo, 1883]

83

A temática indígena na escola

não entravam na ordem do discurso da nação. Mas, para uma corte em tudo europeia e, mais ainda, para um imperador como D. Pedro II, um intelectual europeu nos trópicos, essa narrativa era, antes de tudo, uma abstração, uma ideia muito distante da visão dos índios de carne e osso que não deixavam de parecer primitivos, bárbaros e perigosos aos olhos dos "brancos". Essa contradição perdurou durante todo o Império. Além disso, as idealizações não fizeram com que os índios reais deixassem de ser temidos ou combatidos por aqueles que cobiçavam os territórios onde eles viviam, tendências que se acentuaram a partir da República, em 1889.

No fim do regime monárquico, porém, os indígenas deixaram de ocupar o espaço que antes tinham no imaginário nacional. O novo regime republicano rompia com a realeza e a corte europeia e inspirava-se nos Estados Unidos da América no geral e no particular. O nome do país copiava os americanos: Estados Unidos do Brasil. As antigas províncias imperiais, sob a República, adotavam a terminologia americana: tornavam-se estados. Aqui, como lá, os indígenas passaram a representar acima de tudo "o outro", um inimigo da República em sua "conquista do Oeste" (outro tema inspirado nos americanos, com sua conquista do *far west*).

A intelectualidade do Rio de Janeiro, antes sede da corte, passou a integrar o Distrito Federal e continuou, de alguma maneira, a defender o legado idealizado do indígena da época imperial. Entretanto, o eixo de poder do país transferia-se, pouco a pouco, para o estado de São Paulo, cuja relação com o indígena era menos romântica e mais profunda do que aquela do Rio de

84

A escola

Janeiro. A população paulista era de origem étnica indígena e em São Paulo a influência cultural dos índios era muito mais forte do que no Rio cosmopolita, mas esse passado que envergonhava a elite local devia ser obliterado. Criou-se o mito do bandeirante, o paulista que desbravara o interior, conquistara territórios para o país, vencera o indígena selvagem, e levantara a bandeira da ordem e do progresso (lema da bandeira nacional brasileira e trocadilho, claro, com "bandeira", o nome inventado, no início do século xx, para designar o movimento dos paulistas).

Esses paulistas "de quatro costados e quatrocentos anos" tudo aceitavam, menos sua ancestralidade indígena. E reescreveram a História: os bandeirantes eram caçadores de índios, não indígenas. Seus documentos eram em português, não em tupi. Sempre combateram os índios e, no século xx, sua missão continuava a ser o desbravamento do sertão e o extermínio ou, ao menos, a expulsão dos índios.

As estradas de ferro, as plantações de café, as cidades pioneiras do Oeste velho (entre Campinas e Ribeirão Preto) e do novo (ao sul, em direção centro do estado e ao Paraná e Mato Grosso), tudo contribuiu para apagar qualquer ligação pretérita com os índios. Enquanto o Rio de Janeiro podia se dar ao luxo de continuar a idealizar o indígena, a elite paulista tinha pesadelos com seus próprios antepassados e, mais precisamente, com as mulheres índias que fizeram a população paulista e que deram ao seu povo, por mais de dois séculos, um idioma nativo: o tupi. Os cariocas sempre foram mais lisboetas, até o sotaque o atesta (como os "esses" reinóis que são sentidos como marcas de distinção), enquanto os paulistas afrontavam dois fantasmas

85

A temática indígena na escola

ao mesmo tempo: antepassados indígenas e vagas imensas de imigrantes que chegavam a cada ano e destroçavam qualquer pretensão de coerente homogeneidade populacional.

Os índios eram colocados nessa narrativa como inimigos implacáveis: deviam ser exterminados ou empurrados sertão adentro, para os confins de Mato Grosso. Ironicamente, os índios encontraram entre alguns dos imigrantes aliados improváveis, mas não menos aguerridos. Discriminados, designados por termos pejorativos – "carcamanos", "gringos" – alguns intelectuais de origem estrangeira acabaram sendo pioneiros na luta pelos direitos dos indígenas. Contudo, nem todos os imigrantes ou a população mais humilde, em geral, foram simpáticos aos índios. Pelo contrário, na expansão para o Oeste, tanto imigrantes como migrantes brasileiros pobres disputaram com os indígenas a posse da terra e, portanto, houve muitos conflitos. A República, a partir de 1889, levaria a novas e duradouras políticas e contradições na relação entre a sociedade nacional e os indígenas.

A República

MUDANÇAS NO TRATAMENTO DA QUESTÃO INDÍGENA

A República (1889) marcou uma série de rupturas, todas elas com consequências para os índios e para as percepções que deles se tinha. O romantismo que elogiava o bom selvagem foi deixado de lado. Iniciava-se no país, ainda que muito devagar, a inclusão das camadas populares com a difusão, mesmo que

A temática indígena na escola

limitada, do ensino primário. Surgiam os livros didáticos para as pessoas comuns. Tudo isso podia indicar melhores oportunidades para os indígenas e avanços na compreensão da importância de sua riqueza cultural para a nação brasileira, mas na realidade não foi assim por diversos motivos.

O pintor Pedro Américo, contribuiu para inventar o novo herói nacional, *Tiradentes*. [Óleo sobre tela, 1893]

88

A República

Em primeiro lugar, a República achou que não precisava da figura do índio para legitimar-se e, ao contrário, a Colônia é que passou a ser romantizada, com o resgate de "figuras heroicas" como Tiradentes e os bandeirantes. Tiradentes, rebelde contra a Coroa Portuguesa, foi usado para representar a ruptura com a corte de origem portuguesa e o passado imperial.

Os "paulistas" (que aprisionavam índios) do período colonial também foram reverenciados e transformados em heróis fundadores da nacionalidade. O nome original desses mamelucos, "paulistas", foi abandonado para que os construtores da nação fossem mais bem aceitos pelos restantes estados da União: surgia, então, o nome "bandeirante". O neologismo, impulsionado pela nascente República, logo pegou e difundiu-se Brasil afora como sinônimo do pioneiro que teria fundado o país. Esqueceram-se os séculos de fala tupi, o reconhecimento da forte presença dos costumes indígenas, e passaram a ser valorizados a busca de metais e pedras preciosas, a expansão territorial do Brasil... e a "domesticação" dos índios! Para termos uma ideia de como essa nova imagem vingou, basta lermos um trecho da descrição antológica da historiadora brasileira Myriam Ellis, de 1963:

O homem bandeirante

O homem que no século XVI saiu de Portugal, atravessou o Atlântico, desembarcou em São Vicente, galgou a serra e fixou-se no planalto, vencendo o sertão, era um bravo, capaz dos mais arrojados empreendimentos. Enraizou-se no planalto, aí estabelecendo núcleos de povoamento multiplicados e perpetuados pelos seus descendentes, em boa parte mamelucos, legítimos ou

A temática indígena na escola

bastardos, oriundos do inevitável e intenso cruzamento com as índias da terra. A todos eles transmitiu não só a herança cultural trazida da Metrópole, como o que de melhor lhes poderia legar, os próprios caracteres físicos e psicológicos. Os mamelucos, além do espírito aventureiro, da intrepidez, audácia e mobilidade do pai, receberam, por via materna, o amor à liberdade, a índole inquieta e nômade e as inclinações sertanistas do ameríndio, também dotado de extrema mobilidade, gente que mais tarde [o naturalista francês Augustin de] Saint-Hilaire (1779-1853) denominou de "raça de gigantes".

Domingos Jorge Velho, o bandeirante. [Obra de Benedito Calixto, 1903]

A República

Mantêm-se, ainda, resquícios da idealização romântica do indígena, mas predomina a imagem do predador, da guerra justa ao gentio e à sua escravização: "Possuir escravos índios constituía índice de abastança e de poder, que seriam proporcionais ao número de 'peças' possuídas", nas palavras de Myriam Ellis.

Não eram apenas os novos heróis que conspiravam contra a valorização dos indígenas, mas também os interesses econômicos. Para além das representações, a expansão da cafeicultura rumo ao interior do continente fazia com que a luta contra os índios concretos fizesse parte do cotidiano da marcha para o Oeste. Não faltava quem defendesse o extermínio aberto dos índios.

Contudo, surgiram outras propostas para resolver a questão indígena, agora considerada um problema nacional. Entre elas a do Serviço de Proteção aos Índios (SPI), criado em 1910, com propósitos aparentemente nobres de manter os índios em suas culturas tradicionais. Um dos seus grandes diretores, Luiz Bueno Horta Barbosa, iria explicitar, em 1923, os objetivos do órgão:

> O Serviço não procura nem espera transformar o indígena, os seus hábitos, os seus costumes, a sua mentalidade, por uma série de discursos ou de lições verbais de prescrições, proibições e conselhos; conta apenas melhorá-lo, proporcionando-lhe os meios, o exemplo e os incentivos indiretos para isso: melhorar os seus meios de trabalho, pela introdução de ferramentas; as roupas, pelo fornecimento de tecidos e dos meios de usar da arte de coser, à mão e à máquina; a preparação de seus alimentos, pela introdução do sal, gordura, dos utensílios de ferro, etc.; as suas habitações; os objetos de uso doméstico; enfim, melhorar tudo quanto ele tem

A temática indígena na escola

e que constitui o fundo mesmo de toda a existência social. E de todo esse trabalho, resulta o indígena e não um mísero ente sem classificação social possível, por ter perdido a civilização a que pertencia sem ter conseguido entrar naquela onde o queriam levar.

O projeto do SPI (1910-1967) consistia, como se percebe, em aculturar o nativo pela introdução de toda uma parafernália de objetos e demandas que, na realidade, levariam ao desaparecimento

O marechal Cândido Rondon (ao centro) e estudiosos do Museu Nacional do Rio de Janeiro. Rondon cumpriu a missão de abrir caminhos, desbravando terras, lançando linhas telegráficas, fazendo mapeamentos do terreno e principalmente estabelecendo relações cordiais com os índios, 1910.

A República

da comunidade indígena independente. A assimilação do índio, que se considerava já ter perdido sua cultura original, era vista como a única saída que levaria a uma vida melhor. Não parecia irônico a Barbosa que o índio devesse ter uma classificação social enquanto as camadas populares, em sua maioria, permaneciam fora do mercado consumidor e com pouco acesso à educação formal. À época em que escrevia Barbosa, dois terços da população do Brasil eram analfabetos. O burocrata parecia não perceber que a assimilação dos índios às classes subalternas, além de destruir suas especificidades e riqueza cultural, acarretaria sua contínua exclusão social. De fato, isso não era muito claro para as elites àquela época, mas ocorreu de forma generalizada, como resultado da atuação do SPI e de outras iniciativas integradoras.

Essa foto é reveladora do projeto de integração nacional do indígena, por parte do Serviço de Proteção aos Índios, ao retratar os índios diante da bandeira brasileira.

A temática indígena na escola

A FIGURA DO ÍNDIO NA ESCOLA MODERNA

Nessas mesmas décadas, entre 1910 e 1940, iniciava-se a expansão do ensino para as camadas populares, com a disseminação dos grupos escolares e dos livros didáticos. Esse processo foi lento e desigual. Almejava-se que todos tivessem acesso às primeiras quatro séries do primário, reservando-se a alguns, e apenas em algumas cidades, o ginásio. A generalização do ensino primário não seria atingida senão no último quartel do século XX, mas os cursos médios e superiores, raros e poucos, difundiram-se bastante a partir da Segunda Guerra Mundial (1939-1945). Uma nova imagem do indígena, contudo, foi consolidada no ensino fundamental, em especial a partir dos parâmetros curriculares e dos livros didáticos.

O nacionalismo da década de 1930 e do início dos anos 1940 contribuiu tanto para a expansão do sistema de ensino básico no Brasil, e em outros países, como para uma reapropriação da figura dos índios pelos Estados nacionais, em particular no continente americano.

Em abril de 1940, reuniu-se em Patzcuaro, no México, o Primeiro Congresso Indigenista Interamericano, tendo sido o dia 19 de abril sugerido por representantes indígenas como data comemorativa do índio para todo o continente americano. Essa data coincidia com festividades ligadas à primavera no Hemisfério Norte e sugeria, de alguma maneira, o renascimento da temática indígena em todo o continente.

Tanto no México como em diversos países, governos nacionalistas encontravam nos índios uma contrapartida local

A República

aos heróis usados por outros nacionalistas na Europa, como no caso dos germanos na Alemanha ou os antigos romanos na Itália. A analogia, ainda que fraca, servia para marcar a originalidade dos Estados nacionais americanos.

Foi por tais motivações que, em plena ditadura do Estado Novo (1937-1945), o presidente Getúlio Vargas assinou o decreto-lei (nº 5.540/1943), declarando o dia 19 de abril como Dia do Índio. Com isso, a temática indígena, antes quase ausente, foi introduzida no calendário escolar brasileiro. Até hoje, a data é comemorada nas escolas com diversas atividades.

Nos livros didáticos da Era Vargas (1930-1945), os índios apareciam, quando eram mencionados, em três contextos de aprendizagem: Português, Geografia e História. O maior contato dos alunos com o tema indígena se dava na disciplina mais básica e, para a grande maioria dos estudantes, a única que tinham em todo o período escolar: o Português. Na medida em que a língua ensinada incluía um grande vocabulário indígena, em especial palavras tupis, costumava haver a menção aos índios, ainda que fossem condenados como barbarismos lexicais os "tupinismos" e os "americanismos" como *guaçu*, *mirim* e até mesmo palavras como *pipoca*, *peteca*, *cacau*, *mate*, *mandioca* e *chocolate*! (Explicação: "americanismo" é termo técnico do estudo do português, para se referir a palavras derivadas de línguas indígenas americanas, em especial, de idiomas diferentes do tupi, para o qual se usa "tupinismo". Nada tem a ver com os Estados Unidos, pois as palavras derivadas do inglês são denominadas "anglicismos".)

De toda maneira, como o ensino primário era o único disponível para a maioria das pessoas, a imagem passada era

95

A temática indígena na escola

tanto da presença indígena, como sua condenação pelo que eram considerados hábitos bárbaros. Hoje, pode parecer absurdo condenar o uso de palavras tão corriqueiras como *chocolate* e *cacau*, mas devemos lembrar que, nessa mesma década de 1940, a ditadura do Estado Novo tentava substituir palavras estrangeiras por inventos nacionais, com sucesso, em alguns casos (*menu* foi substituído por *cardápio*), mas sem êxito, na maioria deles (como *ludopédio*, que nunca se impôs diante de *futebol*).

Em mapas históricos e humanos, apareciam as populações designadas como índios tupinambás (Minas Gerais), bororos (Mato Grosso), xavantes (Goiás, hoje estado de Tocantins), munducurus (Pará), entre outros. Mas poucas pessoas no país tinham acesso à bibliografia mais elaborada, como os livros e mapas geográficos que davam, à sua maneira, algum espaço ao indígena como ocupante do interior do país. Mesmo os estudos históricos sempre privilegiaram a História da Civilização (Oriente Antigo, Grécia e Roma, Idades Média, Moderna e Contemporânea) e a História do Brasil, a partir da chegada de Cabral, em 1500.

O antropólogo Luís Donisete Benzi Grupioni, ao estudar as representações sobre os índios nos livros didáticos utilizados entre 1985-1995, enfatizava que esse material é, muitas vezes, o único disponível para os alunos e mesmo para os professores. Nas casas brasileiras, os livros mais comuns são a *Bíblia* e as obras didáticas.

A expansão do uso da internet, que hoje chega às classes populares, não torna secundário o papel da escola e do livro didático, por dois motivos. Em primeiro lugar, para que se possa navegar com sucesso, e adquirir conhecimento, é necessária uma formação escolar sólida. Sem boa formação escolar, a

A República

Desde meados do século XIX, o indígena é retratado convertido ao cristianismo.
[*Tavaquara sobre o Xingu*, Adalbert Prinz von Preussen, Litografia, 6 de dezembro de 1842]

internet permanece pouco útil para o enriquecimento cultural. Em seguida, a escola e os livros didáticos continuam a ocupar um lugar de destaque na vida da criança, moldando toda sua experiência do mundo.

Grupioni apresentou uma análise crítica que, em linhas gerais, mostrava a situação até meados da década de 1990. Nos livros didáticos, os índios eram quase sempre enfocados no passado. Apareciam, muitas vezes, como coadjuvantes e não como sujeitos históricos, à sombra da atividade dos colonos europeus. A colonização do continente americano pelos indígenas praticamente não era mencionada e os índios eram descritos por meio da

A temática indígena na escola

negação de traços culturais considerados significativos, como falta de escrita, de governo e de tecnologia. Isso levava à desvalorização das culturas indígenas. Além do mais, os índios do presente e do futuro tendiam a ficar ocultos, como se fossem desaparecer por um processo natural de desenvolvimento. Por fim, predominava a noção de um índio genérico, ignorando a diversidade cultural que sempre existiu entre essas sociedades.

A VIRADA

A partir daí, houve uma grande renovação no âmbito da educação fundamental e média no Brasil, a começar pelos Parâmetros Curriculares Nacionais instituídos na segunda metade da década de 1990. Com o fim da ditadura militar (1964-1985), primeiro com a Constituição de 1988 e depois com a crescente democratização e políticas de inclusão social, surgiram novas perspectivas e objetivos na educação.

Em primeiro lugar, buscava-se a universalização da escola fundamental de oito anos. Em seguida, visava-se alterar os próprios pressupostos do ensino, valorizando a diversidade cultural. Esse aspecto não pode ser subestimado no que concerne às imagens sobre o índio. Pela primeira vez, de forma consistente e sistemática, não se estabelecia que a sociedade brasileira deveria seguir normas e condicionantes homogêneas, únicas para todos, mas aceitava-se a "diversidade" como princípio norteador. O termo "pluralidade" também apareceu com destaque nos PCNs, que defendiam: "Valorizar o patrimônio sociocultural e respeitar

A República

a diversidade, reconhecendo-a como um direito dos povos e indivíduos e como um elemento de fortalecimento da democracia" (PCN *História*, MEC, 1997, p. 33). Nessa perspectiva, os parâmetros explicitavam o papel do estudo da temática indígena:

 A opção de introduzir estudos de povos indígenas é relevante por terem sido os primeiros habitantes das terras brasileiras e, até hoje, terem conseguido manter formas de relações sociais diferentes das que são predominantes no Brasil. A preocupação em identificar os grupos indígenas que habitam ou habitaram a região próxima do convívio dos alunos é a de possibilitar a compreensão da existência de diferenças entre os próprios grupos indígenas, com especificidades de costumes, línguas diferentes, evitando criar a imagem do índio como povo único e sem história. O conhecimento sobre os costumes e as relações sociais de povos indígenas possibilita aos alunos dimensionarem, em um tempo longo, as mudanças ocorridas naquele espaço onde vivem e, ao mesmo tempo, conhecerem costumes, relações sociais e de trabalho diferentes do seu cotidiano. (PCN *História*, MEC, 1997, p. 41)

Essas orientações tiveram resultado efetivo tanto na produção de material didático, como na sala de aula. Nas palavras da educadora brasileira Heloísa Dupas Penteado, "com as crianças, a meta é conseguir chegar, por meio das leituras, ao conhecimento da cultura criada por grupos indígenas".

Hoje, os livros didáticos de História são os que mais tratam dos temas indígenas na escola, ainda que estes apareçam também em obras de Geografia. Nos livros de História atuais, uma das críticas apontadas por Grupioni foi superada, pois, a

A temática indígena na escola

partir dos PCNs, quase todos os livros passaram a mencionar a alta antiguidade da ocupação do continente americano pelos indígenas. Diversos desses livros, inclusive, apresentam a povoação do continente como um tema em discussão pelos pesquisadores, com a apresentação de diversas teorias, o que favorece uma visão crítica sobre o conhecimento histórico por parte dos estudantes. Mapas incluídos permitem visualizar a chegada dos humanos pelo estreito de Bering, mas retratam as outras vias tidas como possíveis pelo oceano Pacífico. A antiga tradição de começar nossa História com a chegada dos portugueses foi superada. Mantém-se, contudo, o predomínio da apresentação dos índios a partir do passado, mas isso se explica, em grande parte, por se tratar de livros de História.

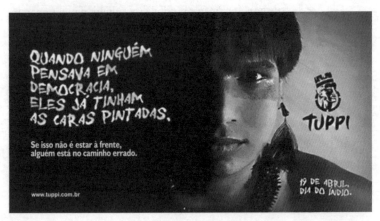

Este cartaz, referente ao Dia do Índio, feito à época do movimento dos jovens caras-pintadas contra a corrupção do governo Collor (1990-1992), mostra como a democracia passou a ser uma questão relacionada ao tratamento da temática indígena.

A República

Diversas obras históricas, antropológicas, artísticas, arqueológicas e de divulgação valorizam, por outro lado, a riqueza cultural dos grupos indígenas e sua continuidade no presente. Algumas mostram que a presença indígena não se restringe ao passado e trabalham esse assunto até mesmo a partir da paixão nacional pelo futebol:

Garrincha

Jogador do Botafogo (RJ) entre 1953 e 1965, Manuel Francisco dos Santos, conhecido como Mané Garrincha, foi um dos maiores craques do futebol brasileiro. Seus dribles sensacionais, sua ginga imprevisível e suas brincadeiras contagiantes contribuíram para que fosse conhecido como "a alegria do povo" [um] descendente dos fulniôs, um dos muitos povos indígenas. [Flávio de Campos, Miriam Dolhnikoff e Regina Claro, *Ritmos da História*, 6º ano, p. 67.]

Outra estratégia relevante adotada por obras inovadoras consiste em dar voz a autores indígenas, de modo a escapar da apresentação apenas dos pontos de vista dos conquistadores, como havia criticado Grupioni. Assim, em um livro de apoio didático destinado ao terceiro ano do ensino fundamental, aparece um texto do intelectual indígena Daniel Munduruku:

Os povos indígenas têm um profundo respeito pela terra. Eles a consideram como uma "grande mãe" que os alimenta e lhes dá vida, porque é dela que tiram todas as coisas de que precisam para a sua sobrevivência física e cultural. Para eles, a terra não é apenas vista como um bem a ser explorado e depredado. (*Coisas de índio*, São Paulo, Callis, 2000.)

A temática indígena na escola

Na atualidade, os índios são também objeto da disciplina de Geografia, no que diz respeito à população brasileira, aos grupos étnicos e às terras ocupadas por eles, os quais aparecem com destaque em muitos livros e mapas.

Mapa de terras indígenas demarcadas no Brasil.

A República

O ENSINO PARA AS POPULAÇÕES INDÍGENAS

Embora esse livro seja sobre a temática indígena nas escolas de fora das aldeias, convém fazer um parêntese sobre o ensino de História para as populações indígenas, que constitui um desafio particular e importante da atualidade, tendo sido objeto de preocupação de estudiosos e dos órgãos públicos, em particular a partir da volta dos civis ao poder em 1985. Em um estudo pioneiro, a pesquisadora Circe Bittencourt definiu tal desafio:

> A escola pode servir como elemento que favorece e acelera a perda da cultura anterior, que é substituída por um saber escolar criado pelos brancos, mas ela pode servir para ampliar suas formas culturais de comunicação, situação que ocorre, principalmente, quando se desenvolve a alfabetização bilíngue.

Refletindo a preocupação de valorizar as peculiaridades indígenas, em 1998, a publicação do *Referencial curricular nacional para as escolas indígenas* pelo Ministério da Educação e do Desporto, consolidaria a mudança de foco da contraposição entre "indígenas" e "brancos" para a valorização da diversidade, como atestam as características da escola indígena desejável: comunitária, intercultural, multilíngue e diferenciada. Apesar desse movimento, contudo, o antropólogo Mércio Pereira Gomes, com larga experiência com os indígenas e presidente da Fundação Nacional do Índio entre 2003 e 2007, constatou que "o estabelecimento de escolas de ensino regulares, desde a alfabetização

A temática indígena na escola

até o ensino médio, em aldeias, mesmo com ensino ministrado por professores indígenas, condiciona essas sociedades ao estudo formal da sociedade brasileira".

De fato, o principal desafio das escolas indígenas reside em conseguir manter as especificidades culturais de cada etnia e, ao mesmo tempo, ensinar um conjunto de saberes que é parte do patrimônio da sociedade mais abrangente. Por um lado, o uso dos idiomas indígenas permite que um dos aspectos mais centrais da experiência cultural indígena seja preservado e ampliado. Este avanço não pode ser subestimado, pois visa a garantir a perenidade da maneira de aquele grupo humano específico de organizar, em termos simbólicos, o mundo ao seu redor. Por outro lado, o ensino dos conteúdos tradicionais, na forma de disciplinas como Geografia, História, Química ou Física, leva as novas gerações nas aldeias a saírem das suas tradições e a compartilharem com o restante da população brasileira maneiras de pensar o mundo que caracterizam, na verdade, todo o Ocidente. Há, portanto, uma inevitável transformação cultural em direção à assimilação dos indígenas às maneiras de pensar do chamado homem ocidental. Isso não significa, necessariamente, seu desaparecimento como grupo humano distinto, mas constitui um desafio recriar a cultura tradicional indígena em um ambiente novo. Isso não é impossível, como demonstram exemplos diversos no mundo contemporâneo, em tribos indígenas norte-americanas, mas em outros continentes e contextos também. A escola indígena brasileira, com o devido apoio e interesse político, pode exercer esse duplo papel de renovação das tradições e criação de oportunidades para novas inserções culturais.

A República

COMO OS ALUNOS DE
HOJE PERCEBEM OS ÍNDIOS

O Brasil iniciou o século XXI com cerca de 36 milhões de alunos no ensino fundamental e 9 milhões no ensino médio, com mais de 1,5 milhão de professores. Dentre os professores, 15% não possuem formação primária completa, porcentagem que chega a 40% no Nordeste. A escolaridade média no país é de 6 anos de estudo, dois terços, portanto, do mínimo obrigatório de 9 anos. A escola continua, assim, com grandes deficiências, que se reflete na percepção que se tem do indígena.

Com as mudanças dos últimos anos, a presença indígena na cultura brasileira passou a ser tratada com maior atenção nos livros didáticos e houve políticas explícitas, por parte do Ministério de Educação e das Secretarias Estaduais de Educação, na mesma direção. Para avaliarmos os avanços e limitações dessas políticas, apresentamos, a seguir, os resultados de uma pesquisa em escolas do Rio de Janeiro, Niterói, Campinas e Natal, dos sextos aos nonos anos do ensino fundamental.

Dentre os alunos, 73% disseram nunca ter visto um índio pessoalmente e 12% afirmaram ter algum parente indígena. Se considerarmos que o percentual oficial de indígenas no país é muito menor (0,4%), isso significa que muitas pessoas definem-se, ou aos seus familiares, de maneira variável. Afinal, se apenas 0,4% dos brasileiros são índios, como pode ser que 12% têm parentes indígenas? Se formos seguir a categorização oficial, a conta não fecha. Portanto, fica claro que muito mais pessoas se reconhecem com alguma parentela indígena do que atestam as

A temática indígena na escola

classificações estreitas vigentes no censo. Para efeito do estudo das representações sobre os índios, esse dado bruto não deve ser subestimado, pois revela que os alunos reconhecem vinte vezes mais indígenas do que o censo! Além disso, é também significativo que 29% não souberam afirmar se tinham ou não parentesco com índios. Se considerarmos o estigma ainda associado, em grande parte, a índios e negros no Brasil, podemos supor que esses números devem encobrir um percentual de pessoas que preferem não explicitar sua relação com os índios.

Quando solicitados a desenhar índios, os alunos escolhem, para identificar o personagem, características distintivas como o corte de cabelo, a tanga e os artefatos, especialmente o arco e a flecha. Menos de 10% dos desenhos mostram algo além da figura do índio de modo que os aspectos culturais da vida indígena não parecem muito claros ou relevantes. A representação mais comum da comunidade aparece na forma de ocas. Os demais aspectos da imensa riqueza cultura indígena (pinturas rupestres, cestaria, pinturas corporais, para citar os mais conhecidos) não mereceram atenção.

Quando questionados sobre tribos indígenas e solicitados a citar até três nomes, cerca de um terço dos entrevistados não soube mencionar nenhuma tribo, mas dois terços citaram ao menos uma e um terço mencionou três tribos. Os nomes mais citados foram tupis-guaranis, tupis, guaranis e pataxós, seguidos, com bem menos menções, de potiguaras, tapajós, tupinambás, xavantes, tupiniquins, ianomâmis, tapuias, potis, caiapós, caetés, cariris e aimorés. Muitos citaram povos indígenas de outros países, nomes geográficos e mesmo palavras tupis ou termos inventados

A República

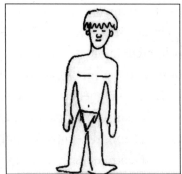
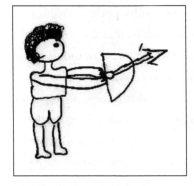

Desenhos feitos por alunos e que representam os índios pelo corte de cabelo, tanga, adereços, armas e oca.

que soam indígenas. Esses dados demonstram um certo efeito das leituras dos livros didáticos e da mídia, pois os três mais citados (tupis-guaranis, tupis e guaranis) são aqueles que estão mais presentes nos meios de comunicação e na literatura.

As observações de Grupioni relativas à apresentação dos índios ligados à chegada de Cabral em 1500 mostram-se ainda

A temática indígena na escola

muito pertinentes, pois 73% dos alunos consideram que os índios estão no Brasil desde... 1500! Isso se explica, em grande parte, pelo predomínio da noção de que o Brasil iniciou-se com Cabral (e não com a proclamação da Independência em 1822) e que nada nem ninguém existiu no território antes disso. Apenas 19% mencionam as datas citadas nos livros didáticos atuais, entre 10 e 50 mil anos de ocupação indígena.

Dentre esses alunos, 91% consideram que houve rupturas históricas e que os índios atuais não são iguais àqueles do passado. Esse dado é bastante ambíguo, pois tanto pode revelar uma consciência da especificidade dos tempos históricos, como pode significar que os alunos separam, de forma radical, os índios atuais daqueles antigos, sem dar atenção às continuidades culturais.

No que se refere à proveniência dos índios, as respostas dos alunos levam também a conclusões dúbias: 27% considera- ram que eles vieram da África e 23% que eram autóctones, não vieram de lugar algum; 16% responderam que vieram da Ásia, única resposta que corresponde àquilo que está nos livros didá- ticos (ou seja, que já deveria ter sido incorporada pela maioria dos estudantes, mas ainda não foi).

No caso da origem africana atribuída aos indígenas, é possível inferir que essa ideia provenha da noção (aceita pela Ciência e já difundida pelo material didático) de que o ser hu- mano é originário daquele continente. Mas também pode ser analisada como uma consequência do reconhecimento, por parte dos alunos, da presença de população afrodescendente no Brasil. Tal reconhecimento é fruto de outras políticas governamentais, as relativas à promoção da cultura afro.

108

A República

Questionados sobre em quais regiões atuais do Brasil os índios habitavam antes da chegada de Cabral, 23% não souberam responder. Dos que o fizeram, apenas 10% responderam que os índios estavam em todo o território. A maioria, contudo, citou que os índios ocupavam a região Norte; a referência ao Norte aparece seguida de referências ao Nordeste, depois do Sudeste e Centro-Oeste, com poucas referências ao Sul. Isso reflete a percepção de que "índios vivem na floresta" e que assim devia ser desde sempre, e que "o frio do Sul do país, assim como sua atual população de descentes de imigrantes, indica a falta de índios" tanto hoje, como antigamente.

As percepções dos alunos sobre os índios mostram os avanços e os limites das políticas educacionais dos últimos anos. O principal aspecto positivo refere-se à identificação de índios como parentes. Esse reconhecimento mostra um passo considerável, pois, por muitos séculos, qualquer parentesco com os índios acabava sendo negado por ser considerado vergonhoso. Como vimos anteriormente, uma percentagem considerável da população brasileira possui antepassados indígenas, mas isso não se refletia na autorrepresentação das pessoas. No passado, mesmo quando houve reconhecimento da mestiçagem com o índio, como no caso dos paulistas (bandeirantes), apagou-se, de forma sistemática, essa ascendência. Essas pessoas eram tudo, podiam ser chamadas de tudo, até com o termo "bandeirante", inventado no século XX, menos serem chamadas de... "índios"!

A baixa percepção de ancestralidade indígena, atestada nos levantamentos como os censos do IBGE, contrasta com aquela referente à africana. Embora apenas 6% dos brasileiros se declaras-

109

A temática indígena na escola

sem "negros" no censo de 2000, 39% se descreviam como "pardos". De acordo com a classificação racial adotada em meados da primeira década do século XXI, os pardos foram classificados como "afrodescendentes", o que daria, portanto, quase metade da população com uma autodefinição de ascendência africana. Como explicar essa disparidade entre a valorização e reconhecimento dos africanos e o desaparecimento, por assim dizer, da ancestralidade indígena? Há muitos fatores, mas cremos que entre os principais esteja a associação do índio com a floresta, com a vida na selva, quase como parte da natureza e, portanto, fora da sociedade nacional brasileira. De acordo com esse raciocínio, os índios nas florestas são poucos e não têm relação com a "nossa" sociedade, à diferença dos africanos, que sempre fizeram parte dessa sociedade, mesmo que escravizados. Em tal percepção da história do Brasil, os índios não aparecem, tornam-se invisíveis muito rapidamente. Como resultado, enquanto os movimentos sociais de afrodescendentes são fortes e bem articulados, as associações indígenas não são facilmente reconhecidas na sociedade brasileira mais ampla. As pessoas pensam que "os índios não estão entre nós", "vivem lá longe, na mata", "não fazem parte do nosso mundo". A esse fenômeno alguns estudiosos deram o nome de "invisibilidade do indígena".

A desvalorização da identidade indígena existente ainda hoje no país, a despeito das mudanças recentes na política oficial, faz com que estatisticamente os índios apareçam como pouco numerosos. Não precisa ser assim! Nos Estados Unidos, por exemplo, graças a políticas públicas de valorização da herança indígena, o número de índios contabilizados não parou

A República

de crescer. Em 1960, havia 524 mil índios, em uma época em que os indígenas eram representados como o "outro" cultural, os selvagens ou os malvados dos filmes de faroeste. Em 1990, já eram 1,878 milhão e, em 2000, mais de 7 milhões de americanos declaravam ter alguma ascendência indígena. Segundo os antropólogos norte-americanos John Monaghan e Peter Just, o fato se explica em grande parte à caracterização positiva do indígena nas últimas décadas. Portanto, a valorização do indígena, por meio de políticas públicas, foi fundamental para os resultados positivos constatados nos Estados Unidos.

Por que isso não acontece no Brasil? Quando um dos autores deste livro, Pedro Paulo Funari, revelou ter ascendência indígena em um congresso científico brasileiro, as reações foram de espanto, incredulidade e, em alguns casos, de indignação: "como um branco pode dizer isso?". Nesse contexto, o fato de que muitas crianças reconheçam ter parentes indígenas mostra como a valorização do indígena, apesar de todos os problemas, avançou no nosso país. Por outro lado, as limitações do conhecimento sobre os índios não deixam de ser evidentes. Afirmar que os indígenas estão aqui há apenas quinhentos anos, como fez a maioria dos alunos pesquisados, significa desconhecer a história e, mais do que isso, desconsiderar a colonização europeia também como um processo de expropriação. Justifica-se a noção de que a terra era de ninguém, *terra nullius*, encobrindo o que o antropólogo britânico Chris Gosden não hesita em chamar de "roubo da terra". Os índios aparecem para as pessoas como parte da natureza, da selva e, portanto, conforme o colonizador vence a floresta, no sertão, a terra passa da natureza (e do índio)

111

A temática indígena na escola

para a ordem civilizada, com propriedade privada e a exploração comercial dos seus frutos. Aos índios, nesta situação, cabe sair de onde vivem e ir mais para o interior, onde ainda há floresta, ou aceitar a nova ordem e dissolver-se na sociedade nacional, como trabalhador braçal.

Conforme essa percepção, ou os índios são daqui, mas há quinhentos anos apenas, como parte do ambiente, ou são provenientes da África, já que essa é a única chave étnica de uso corrente no país (ou somos "brancos" ou somos "afrodescendentes"). É quase como se os "índios" devessem ser encaixados numa das duas categorias aceitas: "brancos", se aqui estavam, ou "africanos", se não estavam ou não eram "brancos". Verificamos, portanto, que as limitações do entendimento dos alunos com relação aos índios e à cultura indígena não se resumem à falta de informação nas escolas, mas às deficiências das políticas de valorização da diversidade cultural em voga no país.

112

Conclusão

Qual balanço se pode fazer desta caminhada?

Desde o Descobrimento do Brasil, imagens sobre quem eram os índios começaram a ser moldadas e difundidas no novo mundo que surgia com a colonização. Se, concretamente, os índios foram vitimados por doenças, vendo sua população diminuir significativamente e se, para fugir do controle, submissão e extermínio que se seguiram, muitas tribos migraram para o interior do território, também muitos outros nativos foram escravizados e seus descendentes passaram a fazer parte da sociedade colonial. Do mesmo modo que estes, aqueles que se misturaram com os colonizadores, por meio da miscigenação, contribuíram para a constituição de grupos humanos com forte componente indígena. Assim, a cultura indígena se fez presente no mundo colonial por muitos séculos, sendo a marca mais significativa disso o fato de que grande parte do que viria a ser o Brasil falava nheengatu.

O século XIX viria a eclipsar certos aspectos do *reconhecimento* dessa presença indígena na cultura brasileira. Por outro lado, criou novas representações, com um indianismo que deixaria marcas profundas nas gerações posteriores. As imagens do "bom selvagem" e da "índia dos lábios de mel", de alguma forma, perpetuaram-se nos séculos seguintes. Tais idealizações, porém, não impediram a continuidade das perseguições e massacres contra populações indígenas nem o surgimento de um

A temática indígena na escola

sentimento de vergonha ligado à ascendência indígena que, no limite, levou os brasileiros a "apagar o índio" de seu passado.

A partir da República, o cientificismo e a busca positivista da ordem e do progresso alimentariam ações no sentido de levar os índios ainda apegados a costumes particulares à assimilação, ao "avanço" (como se dizia então) representado por sua incorporação às classes trabalhadoras rurais. Os índios passaram a ser objeto de uma atuação administrativa por parte do Estado, primeiro com a criação do Serviço de Proteção ao Índio (1910) e depois com a Fundação Nacional do Índio (1968). Ao mesmo tempo, o nacionalismo vigente, em busca da homogeneidade social, viria a contribuir para a crescente representação do índio como um elemento externo à sociedade brasileira, um "outro", a ser "festejado" no seu dia 19 de abril, mas não muito mais do que isso. Ou seja, um ator histórico considerado praticamente inexistente na sociedade nacional.

A Ditadura Militar, com sua ênfase na unidade nacional, na ordem e na expansão em direção às áreas ocupadas por tribos indígenas, levou à fase de maior ameaça tanto às comunidades nativas, como à sua visibilidade social.

A partir da Anistia em 1979, e com a abertura política, seguida do retorno dos civis ao poder em 1985, os indígenas começaram, de forma crescente, a serem atores sociais reconhecidos e valorizados. Indígenas foram eleitos para o Congresso Nacional, suas terras foram demarcadas, os idiomas próprios puderam ser valorizados, políticas públicas e organizações voluntárias contribuíram para o florescimento dos movimentos indígenas. A valorização da pluralidade e da diversidade foi importante nesse processo todo.

Conclusão

A escola foi, desde o início, elemento capital na conformação das imagens a respeito dos indígenas. A escola jesuíta foi um dos principais pontos de contato entre colonizadores e nativos no início da colonização portuguesa. Porém, ao longo de muitos séculos, a escola brasileira teve papel muito limitado no sentido de atingir de fato a população. A escola no Brasil se tornou abrangente muito lentamente, em um processo que não se completou ainda, em pleno século XXI.

Mesmo limitada, a escola foi importante, tornando historicamente significativo o fato de ter, por muito tempo, excluído a figura do índio da representação do país, da sua língua, história e ambiente, quando não o apresentou, de forma oblíqua, como atraso bárbaro a ser superado. Quando, finalmente, a figura do índio foi incorporada, manteve em grande parte o caráter exótico e externo à sociedade brasileira, tomada por uma unidade relativamente homogênea. Apenas nos últimos anos é que houve a inclusão da pluralidade como um valor positivo e o consequente reconhecimento dos indígenas como parte importante da nossa sociedade e sua cultura como significativa na conformação da nacionalidade brasileira.

Entretanto, esse processo não deixa de apresentar contradições, com políticas escolares que a um só tempo defendem a pluralidade e mantêm esquemas de classificação que excluem o índio da sociedade brasileira. Tais contradições aparecem traduzidas nas representações que os alunos fazem dos índios e nos parcos conhecimentos que revelam ter da temática indígena.

O grande desafio, a mais de duas décadas de regime democrático, consiste em fazer com que a escola possa, de maneira

A temática indígena na escola

efetiva, incluir a temática indígena na sala de aula. A escola, por seu papel de formação da criança, adquire um potencial estratégico capaz de atuar para que os índios passem a ser considerados não apenas um "outro", a ser observado a distância e com medo, desprezo ou admiração, mas como parte deste nosso maior tesouro: a diversidade.

Referências
e fontes

O livro de Theodore W. Allen foi publicado em 1994, *The Invention of the White Race* (Londres, Verso) e a citação de Jaime Pinsky vem do livro *Cidadania e educação* (São Paulo, Contexto, 1999, p. 99).

A referência de Eça de Queirós provém do seu livro *A relíquia*, publicado em 1887, com o subtítulo de "sobre a nudez forte da verdade – o manto diáfano da fantasia". As considerações sobre a criação dos Estados nacionais como entidades homogêneas estão bem apresentadas em *La Création des identités nationales, Europe XVIIIe-XXe siècle* (Paris, Editions du Seuil, 2001). A pesquisa genética da população brasileira foi divulgada na *Revista Fapesp*, 2000. O clássico de Teodoro Sampaio, *O tupi na geografia nacional* (Brasília, Editora Nacional, 1987, 5. ed.), foi concluído no início do século XX e publicado como volume 380 da Brasiliana. Os documentos de Colombo provêm de *De orbe novo*, Peter Martyr d'Anghiera, ed. por Francis A. MacNutt, (Nova York, Putnam's Sons, 1912, pp. 61-5). Sobre os índios americanos, veja-se <http://www.nanations.com/>. Os dados estatísticos sobre a população indígena brasileira podem ser encontrados no site do Instituto Brasileiro de Geografia e Estatística (www.ibge.com.br).

O conceito de transculturação pode ser encontrado em Ángel Rama, *Transculturación narrativa em América Latina* (México, Siglo XXI, 1982). O termo foi usado, pela primeira vez, pelo estudioso cubano Fernando Ortiz, em seu *Contrapunteo del tabaco y el azúcar* (Havana, Jesus Montero Editor, 1940). A experiência de viver entre um grupo indígena está muito bem explicitada no livro de Gustavo Politis, *Nukak* (Bogotá, Instituto Amazônico de Investigaciones Científicas, 1996). A historieta maia foi publicada originalmente

A temática indígena na escola

por E. Solís-Alcalá, *Códice Pérez* (Mérida de Yucatán, Ediciones de la Liga de Acción Social, 1949, p. 73), comentada por Gordon Brotherston, *La América Indígena em su literatura: los libros del cuarto mundo* (México, Fondo de Cultura Econômica, 1997, p. 405). Brotherston apresenta uma lista de mais de 180 textos indígenas em diversas línguas (pp. 499-510).

As informações sobre a colonização da América do Sul provêm de "South American Archaeology", de Pedro Paulo A. Funari, A. Zarankin e M. Salerno, em *The Oxford Handbook of Archaeology* (Oxford, Oxford University Press, 2009, organizado por Bary Cunliffe, Chris Gosden e Rosemary A. Joyce, pp. 958-97), e sobre a do Brasil em *Pré-História do Brasil* (São Paulo, Contexto, 2009), de Pedro Paulo A. Funari e Francisco Silva Noelli, com referências adicionais sobre os temas tratados, como sambaquis e Amazônia.

A Arqueologia como ciência está explicada no livro homônimo de Pedro Paulo A. Funari (*Arqueologia*, São Paulo, Contexto, 2003). A Pré-História do Brasil foi tratada por André Prous, *Arqueologia brasileira* (Brasília, UnB, 1992), Pedro Paulo A. Funari e Francisco Silva Noelli, *Pré-História do Brasil* (São Paulo, Contexto, 2002). Sobre o patrimônio, ver *Patrimônio Histórico e Cultural* (Rio de Janeiro, Jorge Zahar, 2005), de Pedro Paulo A. Funari e Sandra Pelegrini. Um apanhado sobre as pinturas parietais encontra-se em *A arte rupestre no Brasil* (Rio de Janeiro, Jorge Zahar, 2003), de Madu Gaspar. Sobre o significado da arte rupestre, consulte-se *Reflexiones sobre Arte Rupestre, paisaje, forma y contenido* (Santiago de Compostela, CSIC, 2005, organizado por Manuel Santos-Estévez e Andrés Troncoso-Menléndez). Os vestígios subaquáticos estão bem explorados no livro de Gilson Rambelli, *Arqueologia até debaixo d'água* (São Paulo, Maranta, 2002).

A presença de populações anteriores aos mongoloides assim como belas imagens estão no livro *Brasil, 50 mil anos: uma viagem ao passado pré-colonial* (São Paulo, Edusp/MAE, 2001), obra coletiva sem organizador. Os livros clássicos de Clive Gamble e Chris Gosden são, respectivamente, *Timewalkers: the Prehistory of Global Colonization* (Cambridge, Harvard University Press, 1994) e *Prehistory* (Oxford, Oxford University Press, 2003). A citação de Thomas C. Patterson provém de *Inventing Western – Civilization* (Nova York, Monthly Review Press, 1997, p. 132). A referência

Referências e fontes

de Alex W. Barker está em *Chiefdoms, Hunters and Gatherers, Handbook of Archaeological Theories* (Lanham, Altamira Press, 2008, pp. 515-32, ed. R. Alexander Bentley, Herbert G. Maschner e Christopher Chippindale); a de Peter Jordan encontra-se no capítulo "Hunters and Gatherers", do mesmo *Handbook of Archaeological Theories*, pp. 447-65). As considerações de Barbara L. Voss estão em *The Archaeology of Ethnogenesis, Race and Sexuality in Colonial San Francisco* (Berkeley, University of California Press, 2008).

O papel das mulheres em sociedades indígenas está bem desenvolvido na obra de Anna Roosevelt, *Moundbuilders of the Amazon* (Nova York, Academic Press, 1992) e no artigo de Lourdes Dominguez, "A mulher aborígene nas Antilhas no início do século XVI", em *Identidades, discurso e poder, estudos da arqueologia contemporânea*, organizado por Pedro Paulo A. Funari, Charles E. Orser Jr., Solange N. O. Schiavetto (São Paulo, Annablume/Fapesp, 2009, pp. 17-26). Os estudos sobre os chamados "terceiros gêneros" nas sociedades indígenas mencionados no livro provêm do livro *Archaeologies of Sexuality*, organizado por Robert A. Schmidt e Barbara L. Voss (Londres e Nova York, Routledge, 2000), nos capítulos "Archaeology of the *'aqi*: gender and sexuality in prehistoric Chumash society", de Sandra E. Hollimon, e "Searching for third genders: towards a prehistory of domestic space in middle Missouri village", de Elizabeth Prine (pp. 179-219).

Uma crítica consistente da visão evolucionista fundada no colonialismo moderno, que opõe simples a complexo, encontra-se em *Archaeology and Colonialism, Cultural Contact from 5000 BC to the Present* (Cambridge, Cambridge University Press, 2004). Classificações culturais dos índios encontram-se em *História dos índios no Brasil* (São Paulo, Companhia das Letras, 1992, organizado por Manuela Carneiro da Cunha). As conquistas indígenas estão tratadas por um autor indígena em *História de índio* (São Paulo, Companhia das Letrinhas, 1996), de Daniel Munduruku, voltado também para as crianças.

O papel do gesto na educação indígena está desenvolvido no livro de André Leroi-Gourhan, *Le Geste et la parole* (Paris, Albin Michel, 1964). A citação de Lévi-Strauss do *Pensamento selvagem* provém de *Godelier* (São Paulo, Ática, 1981, pp. 84-5). O tema do pensamento mitológico, cientí-

A temática indígena na escola

fico e as ciências exatas e naturais está tratado no livro *Teoria da História* (São Paulo, Brasiliense, 2008), de Pedro Paulo A. Funari e Glaydson José da Silva. Sobre os rituais, consulte-se *Rituais, ontem e hoje* (Rio de Janeiro, Jorge Zahar, 2003), de Mariza Peirano. Sobre a Contrarreforma e os jesuítas, consulte-se *The Jesuits* (Londres, Harper, 2004), de Jonathan Wright, em especial o capítulo primeiro (há tradução brasileira, *Os jesuítas*, pela editora Relume Dumará, 2006).

A citação de Ronaldo Vainfas provém de *Trópico dos pecados, moral, sexualidade e inquisição no Brasil* (Rio de Janeiro, Campus, 1989, p. 16). José Maria de Paiva trata, de forma detalhada, da "Educação jesuítica no Brasil colonial", capítulo do livro *500 anos de Educação no Brasil* (Belo Horizonte, Autêntica, 2003, pp. 43-59). As informações sobre Anchieta, o tupi e as primeiras escolas estão em "Escrita e conversão: a gramática tupi e os catecismos bilíngues no Brasil do século XVI", de Andréa Daher, *Revista Brasileira de Educação* (n. 8, 1998, pp. 31-43), assim como a citação de Anchieta mencionada nesse livro. O papel da memorização na educação jesuítica está em "A civilização pela palavra", de João Adolfo Hansen, publicado em *500 anos de Educação no Brasil* (Belo Horizonte, Autêntica, 2003, pp. 19-41). Ronald Raminelli trata da catequese em seu *Imagens da colonização: a representação do índio de Caminha a Vieira*. (Rio de Janeiro, Jorge Zahar/Edusp/Fapesp, 1996, pp. 41-51). A citação de Florestan Fernandes vem de "Antecedentes indígenas: organização social das tribos tupis", *História geral da civilização brasileira* (São Paulo, Difel, 1963, p. 86). O indianismo do século XIX está tratado em "Filhos do Norte: o Indianismo em Gonçalves Dias e Capistrano de Abreu", de Martarosa Amoroso e Oscar Calavia Saez, no livro *A temática indígena na escola* (Brasília, MEC, 1995, pp. 237-56). O IHGB foi estudado por Lúcio Meneses Ferreira, "Ciência Nômade: O IHGB e as viagens científicas no Brasil Imperial", em *História, ciências, saúde – Manguinhos* (v. 13, 2006, pp. 271-92).

A descrição do bandeirante está em Myriam Ellis, "As bandeiras na expansão geográfica do Brasil", *História geral da civilização brasileira* (São Paulo, Difel, 1963, p. 280) e a citação da escravidão indígena na p. 284. Sobre a criação dos bandeirantes, consulte-se "A cultura material e a construção da mitologia bandeirante", *Ideias* (n. 2, v. 1, 1995, pp. 29-48) e *A Epopeia Bandeirante* (São Paulo, Unesp, 2002), de Antônio Celso Ferreira. O trecho de Luiz Bueno Horta Barbosa está em *Pelo índio e pela sua proteção oficial*

Referências e fontes

(Rio de Janeiro, Tipografia Macedo, 1923, p. 25). Sobre o SPI, consulte-se "O governo dos índios sob a gestão do SPI", de Antônio Carlos de Souza Lima, publicado em *História dos índios no Brasil* (São Paulo, Companhia das Letras/Fapesp/SMC, 1992, pp. 155-72).

A caracterização das expressões indígenas como vícios de linguagem está em *Gramática normativa da língua portuguesa* (São Paulo, Saraiva, 1968, edição original de 1944, p. 405), de Silveira Bueno. O estudo dos livros didáticos foi publicado por Luís Donisete Benzi Grupioni, "Livros didáticos e fontes de informações sobre as sociedades indígenas no Brasil", no livro *A temática indígena na escola* (Brasília, MEC, 1995, pp. 481-525). A citação de Heloísa Dupas Penteado provém do livro *Metodologia do ensino de História e Geografia* (São Paulo, Cortez, 2008, p. 188). O texto de Daniel Munduruku está em *História: aprender juntos, 3* (São Paulo, SM, 2006, p. 17), de Raquel dos Santos Funari e Mônica Lungov Bugelli. As referências sobre a educação no Brasil provêm de *Le Brésil* (Paris, PUF, 2005, pp. 38-40). A pesquisa e o questionário aplicado aos alunos foram formulados por Ana Piñón como parte de seu doutoramento, sendo, portanto, inédita. A amostra total da pesquisa cujos resultados se relatam neste livro segue a "Tabela para determinação de tamanho ótimo de amostras estatísticas e técnicas de investigação social" conhecida como Tabela de G. Tagliacarne. Nesse sentido as respostas obtidas da amostra total têm um intervalo de confiança de 95% e uma margem de erro de 3,5%.

Os dados sobre os índios norte-americanos estão em *Social and Cultural Anthropology* (Oxford, Oxford University Press, 2000, p. 97), de John Monaghan e Peter Just. A citação de Chris Gosden provém de *Archaeology and Colonialism, Cultural Contact from 5000 CB to the Present* (Cambridge, Cambridge University Press, 2004, p. 127).

A citação de Circe Bittencourt provém de "O ensino de História para populações indígenas", *Em Aberto*, Brasília, v. 14, n. 63, 104-16, p. 106. As características da escola indígena estão no *Referencial curricular nacional para as escolas indígenas* (Brasília, MEC, 1998), pp. 24-5. A passagem de Mércio Pereira Gomes vem do seu livro *Antropologia* (São Paulo, Contexto, 2009, p. 213).

Leituras recomendadas

A perspectiva teórica aqui adotada está detalhada nos livros *Teoria da História* (São Paulo, Brasiliense, 2008), de Pedro Paulo A. Funari e Glaydson José da Silva, e *Identidades, discurso e poder* (São Paulo, Annablume, 2009, 2. ed.), organizado por Pedro Paulo A. Funari, Charles E. Orser Jr. e Solange Schiavetto. O conceito de transculturação está bem tratado no artigo de Gladys Portuondo, "La transculturación en Fernando Ortiz: imagen, concepto, contexto", publicado em *Letralia*, 86, 7 fev. 2000, disponível em <http://www.letralia.com/86/en02-086.htm>.

A obra mais abrangente sobre os índios brasileiros, em perspectiva histórica, é *História dos índios no Brasil* (São Paulo, Companhia das Letras/Fapesp/SMC, 1992), volume organizado por Manuela Carneiro da Cunha. Uma visão geral dos indígenas antes de 1500, na perspectiva adotada neste livro, está em *Pré-História do Brasil* (São Paulo, Contexto, 2005), de Pedro Paulo A. Funari e Francisco Silva Noelli.

Continua a ser o mais amplo estudo da questão indígena na escola o livro *A temática indígena na escola* (Brasília, MEC, 1995), organizado por Luis Donisete Benzi Grupioni e Ana Vera da Silva Macedo. E a obra de Ana Piñón, *Brasil, arqueologia, identidad y origen* (Mar del Plata, Fernando Brittez Editor, 2008), é a mais atual sobre índios e identidade no Brasil.

O melhor e mais atualizado volume sobre o tupi e as línguas gerais de base indígena foi organizado por Volker Noll e Wolf Dietrich, *O Português e o Tupi no Brasil* (São Paulo, Contexto, 2010), com capítulos que tratam, em particular, da difusão do tupi no período colonial.

A temática indígena na escola

Para o uso em sala de aula, há bons livros que falam de tradições indígenas, como *O Muiraquitã* (São Paulo, Companhia das Letrinhas, 2004), de C. Franco e outros, e *O banquete dos deuses. Conversa sobre a origem da cultura brasileira* (São Paulo, Angra, 2000), de Daniel Munduruku.

As associações indígenas multiplicaram-se e existem, hoje, centenas de sites voltados para os seus interesses. Veja mais em <http://sitesindigenas. blogspot.com> e <http://www.nativeculturelinks.com/indians.html>.

Agradecimentos

Agradecemos, em particular, a Carla Bassanezi Pinsky, por sua leitura atenta e inúmeras sugestões e correções, assim como a Gordon Brotherston, Lourdes Domínguez, Lúcio Menezes Ferreira, Raquel dos Santos Funari, Clive Gamble, Chris Gosden, Almudena Hernando, Gabriela Martin, Gilson Rodolfo Martins, Francisco Silva Noelli, Thomas C. Patterson, Sandra Pelegrini, Jaime Pinsky, Gustavo Politis, André Prous, Gilson Rambelli, Anna Roosevelt, Gonzalo Ruiz Zapatero, Melisa Salerno, Denise Schaan, Glaydson José da Silva, Mariano Torres, Barbara Voss e Andrés Zarankin. Mencionamos, ainda, o apoio institucional da Fapesp, do CNPq, do Núcleo de Estudos e Pesquisas Ambientais (Nepam/Unicamp) e do Museu de Arqueologia e Etnologia da Universidade de São Paulo para o desenvolvimento de nossas pesquisas. A responsabilidade pelas ideias dessa obra restringe-se aos autores.

Os autores

Pedro Paulo Funari

Graduado em História pela Universidade de São Paulo em 1981, mestre em Antropologia Social (USP, 1985) e doutor em Arqueologia (USP, 1990). Livre-Docente em História pela Universidade de Campinas (Unicamp), foi professor da Universidade Estadual Paulista (Unesp/Assis) (1986-1992), sendo hoje professor titular da Unicamp, pesquisador associado da *Illinois State University* (Estados Unidos) e *Universitat de Barcelona* (Espanha), e professor, também, do Programa de Pós-Graduação em Arqueologia da Universidade de São Paulo. Atua como pesquisador do Núcleo de Estudos e Pesquisas Ambientais (Nepam/Unicamp) e no programa de doutorado em Ambiente e Sociedade. Dentre os livros publicados, a temática indígena foi tratada em *Pré-História do Brasil*, editado pela Contexto, em coautoria com Francisco Silva Noelli.

Ana Piñón

Graduada em História e Geografia pela Universidad Complutense de Madrid, Espanha, com especialização em História Antiga, Arqueologia Pré-Histórica e Etnologia, Mestre pela Universidad Complutense de Madrid, é autora do livro *Brasil, arqueologia, identidad y origen.*

GRÁFICA PAYM
Tel. [11] 4392-3344
paym@graficapaym.com.br